「夢」「仕事」「お金」「恋愛」「健康」

人生が劇的に変わる

〝My神さま〟の見つけ方

荒川祐二 著

大和出版

はじめに　誰にも自分の担当の神さまがいる！

「あなたにも、あなた担当の『My神さま』がいます」

そう言われたら、どう思われたでしょうか？

とっさに、「怪しい！　何か変な壺を買わされる！」と思うような人は、恐らく最初からこの本は開いていないと思います。

むしろ逆に、「私担当の神さまかぁ。いたらいいなぁ」という思いや、「え!?　私にも私担当の神さまがいるの!?　いたら超嬉しいんだけど！」という方のほうが、きっと多いと思います（神さまはそれぐらいのテンションの方が大好きです）。

これまで神社に行って神さまに一生懸命願い事をしてきたのに全然叶わないと、嘆いている人は、きっと多くいると思います。かつての僕もそうでした。

でもそれは、あなたの願い方が弱いからとか、お賽銭《さいせん》や信仰心が足りないからとか、日々の行いが悪いからとか、そんなことではなく、ただ適した神さまに正しい方法でお願いをしていないだけなのです。

適した神さまと正しい願い方を知って、正しくその神さまに願えば、必ず神さまは願いを叶えてくれます。しかも、あっさりと。

これはあくまで僕の体験談になりますが、僕にとってスサノオさんという「Ｍｙ神さま」に出会うことができたのが、２０１７年3月のこと。

そこから現在に至るまで、

・会社の売上規模が倍になった。
・本の部数が何倍にもなった。
・「もう君の本は出せない」と言われたところから、今は出版依頼が途絶えなくなった。
・本が舞台化されて、千人規模のお客さんが入るようになった。
・ブログのアクセスが１０００倍（50→５００００）になった。

- 雑誌や有料メルマガの連載が始まった。
- 1年間の講演会の回数が倍になった。
- 男性不妊だったにもかかわらず、男の子が生まれ、その後も自然妊娠で願っていた女児の子宝にも恵まれた。両方ともに30分の超安産で、生まれた子どもたちも何事もなく元気にすくすくと育っている。
- まったく体調を崩さなくなった。
- 健康的に痩せた。
- 夫婦円満、家族円満。
- 経営する会社の人が辞めなくなった。
- コロナがあっても、会社が潰れるどころか、逆に大きくなった。
- 持っていた株や資産の価値が上がった。
- 進むべき道に迷いがなくなり、将来に不安がなくなった。

など、ざっと思いつくだけでも、これだけの良いことが起きるようになりました。

その逆にこの5年間に起きたイヤな出来事というものを思い返してみても、ほとんど思い出すことができないほどです。

この5年とそれ以前の違いは、まさしくスサノオさんという、「My神さま」を見つけることができたかどうか、その一点に尽きると思います。

この本では、皆さんの願いを神さまに叶えてもらうことのできるノウハウをお伝えすることに加えて、皆さんにとっての自分の神さま、いわゆる一生をともに歩んでいく、「My神さま」を見つけるサポートをさせていただきます。

人生は長く、それぞれに必ず生まれてきた意味や成し遂げるべきテーマがあります。それをあなたとともに歩むのが、「My神さま」という存在です。

ただ目の前の願いを叶えることや臨時収入が欲しい、理想のパートナーが欲しいといったことだけではなく、神さまが人の願いを叶える本来の意味とは、その人自身がその願いを通して成長し、自らの力で願いを叶える人間になること、またさらにその人自身が、他の多くの人の願いを叶えて、世の中を幸せにすることのできる人間に成長してもらうためにあります。


そもそも神さまとは一体何なのか？

何のために存在するのか？　その正体は？　成り立ちは？

どうして私の願いは叶えてくれないのか？

その逆に、どうして簡単に願いを叶えてもらえているような人がいるのか？

など、皆さんの神さまに対して持っている様々な疑問にも徹底的に答えながら、この本を進めてまいりたいと思います。

荒川　祐二

人生が劇的に変わる〝Ｍｙ神さま〟の見つけ方

CONTENTS

第1章
そもそも神さまって何？
“いわれ”からきちんと知っておこう

第2章 My神さまの見つけ方

ともに歩み、ともに成長する

第3章

My神さまとのつき合い方

神社ですべきこと、してはいけないこと

第4章 仕事・お金・恋愛・人間関係・健康・人生 最強の神さま88

人生を変える神さま

お金に強い神さま

恋愛に強い神さま

人間関係、家族関係、親子関係に強い神さま

健康に強い神さま

イラスト Ayumi
デザイン 山田知子＋門倉直美（chichols）
DTP 青木佐和子

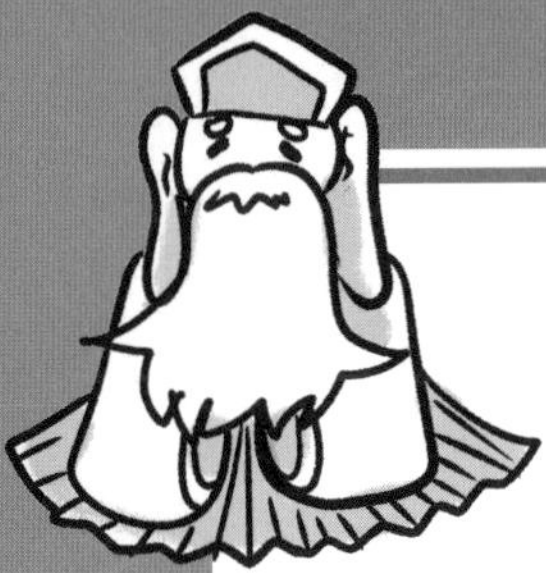

プロローグ

僕はこうしてMy神さまと出会った！

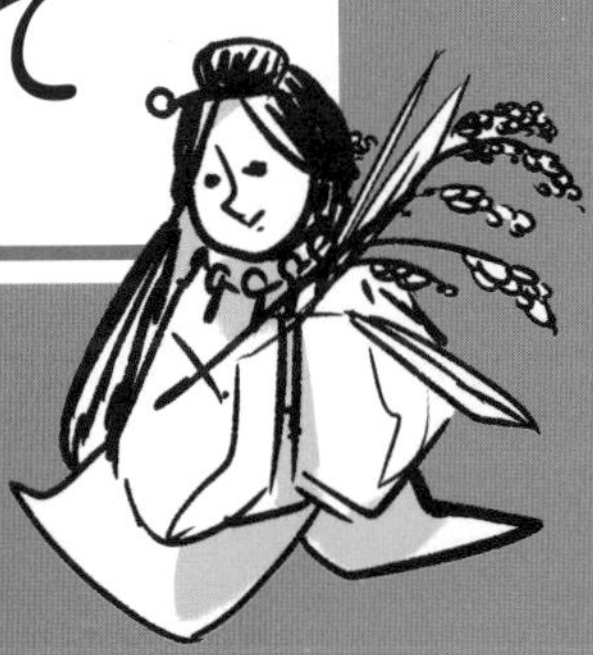

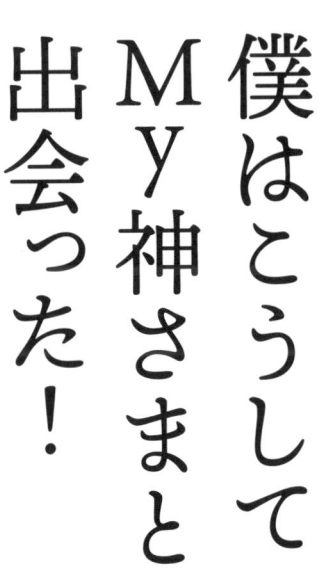

あんたには感謝の気持ちが足らん

まず僕と「My神さま」との出会いについて、話をさせてください。

僕の人生は常に、神さま、仏さま、ご先祖さまが、身近にいる人生でした。

かといって、実家が神社であったり、お寺であったりといったわけではありません。

父は大阪で50店舗以上のラーメンチェーンを経営している、そんな家族の4人きょうだいの末っ子にとして僕、荒川祐二は生まれました。ええ、いわゆるボンボンです。

これまで自分の生い立ちや生まれを、変に否定や謙遜をして隠しても、結局は見透かされて嫌われてきただけなので、正直に言います。生まれながらのボンボンです。

物心ついたときには、ある程度裕福でしたし、旅行やたくさん美味しいものを食べに連れていってくれたりもして、何かお金に困ったというような記憶は特にありません（本閉じないで……）。

しかし、それは僕が生まれて物心ついてからの話で、父の代からそうだったというわけではありませんでした。

＊

少しだけ、僕の父の話をさせていただくと、父は昭和26年生まれ。まだ戦争の爪痕が残る時代で、小さい頃は7人家族で焼け野原に建てた、ボロボロの家に住んでいたそうです。

そこから結婚を経て、ラーメン店の開業へとつながっていくのですが、最初から経営が上手くいっていたかというと、決してそんなことはなかったそうです。

信頼していたスタッフに数千万円ものお金を横領されたり、会社に行ってみたら従業員全員が辞めていたりと、一生懸命やっているはずなのに上手くいかないことが続き、「なんでこんなに頑張っているのに、上手くいかんのや……」と頭を抱えることも多かったそうです。

そんなときに駆け込んだのが、近所で有名な占い師さんで、その方にこのように言われたそうです。

「あんたには感謝の気持ちが足りん。あんたにはせっかく良いご先祖さまがついてるのに、あんたに感謝の気持ちがないから、先祖が気づかせるために試練を与えてるんや」と。

「具体的にどうしたらいいんですか？」と聞く父に、占い師さんは「月に一度、ご先祖さまにお供え物をしなさい。家族全員で手を合わせて、感謝を伝えなさい」と言われたそうです。

毎月1日は「ご先祖さまの日」

そのときの占い師さんの言葉は、父にとってまるで脳天に稲妻が走るほどの衝撃だったそうです。

これまでは、「（上手くいかないのは）従業員が悪い！　お前らがもっとしっかりしろ！」と攻撃的で、そこに感謝の気持ちなどは微塵《みじん》もなく、毎日怒鳴ってばかりだったそうです。

思えば父の母（僕にとっての祖母）はすごく信心深い人で、それは恐らく、戦争の混乱を生き延びることができたことへの感謝もあったと思いますが、そこに加えて、父が生まれるときには逆子で、首にへその緒が巻きつき、生まれるまでに3日もかかったほどの難産だったことがあると思います。

そのときに、産屋に白い犬が迷い込んできたそうです。しかし少し目を放したときに、その犬が産湯に使うためにためていたタライのお湯の中で死んでいたと……。きっとその犬は、難産で生まれるのに苦しんでいた父の身代わりとなってくれたんじゃないかと、祖母は生前よく話してくれていたそうです。

そういったことからか、祖母は常に手を合わせて、「ご先祖さま、神さま、仏さまのおかげさま」と言っていた姿を、小さかった僕もよく覚えています。

そんな祖母のもとに生まれ、たくさん、そういった姿勢を見て、そういった話を聞いて育ちながら、自分には感謝がなかった。いや、目の前のことや日々に必死になるあまり、自分一人で生きていると思い、生かされていることの感謝を忘れていた。

そのとき以来父は、毎月1日を「ご先祖さまの日」として、肉・魚・野菜などを素材とした料理を10品目以上手づくりして仏壇の前に供え、家族全員でご先祖さまに手を合わせて、感謝の気持ちを伝えるということを始めました。

これは僕が生まれて物心がついたときから、ずっと行われていたことで、子どもながらに僕も毎月1日、家族みんなで一緒に手を合わせることで、そこに神さまや仏さま、ご先祖さまがいること。そしてその神さま、仏さま、ご先祖さまがいてくださるおかげで、自分たちが生かされているんだということに、何の疑問を感じることなく育ちました。

そこから父の会社は急成長し、50店舗以上のラーメン店を経営する大阪でも指折りのチェーンへと大きな成長を遂げていったのです。その父は2018年に他界し、今は兄が会社を継いでいますが、父からの伝統は今も受け継がれています。

手を合わせることですべてが上手くいく

しかし常に神さま、仏さま、ご先祖さまの存在が身近にあったからといって、僕自身が何か特殊能力のようなものがあったかと言えば、決してそんなことはなく、横断歩道で信号待ちをしていて、「あ、今から事故が起きる」とふと思ったら、本当に目の前で事故が起きたり、プロ野球中継を見ていて、「あ、ボール落とす」と思ったら、本当に選手がエラーをしたりなど、日常では特に役に立つこともない程度の、直感のようなものがあったぐらいです。

ただ人生において、さほど大きな苦労という苦労はなく、ここまで育ってきました。

（こういうことを言うと、お前はボンボンだから、親が良かったからと言われるかもしれませんが、これも事実を事実としてきちんと伝えなければ、本当に伝えたいことが伝わらないので、あえて濁《にご》さず書かせていただきます）

今僕はこうして作家業をしながら、大阪で父の系列のラーメン店を4店舗経営し、6歳と3歳の子どもの子育て真っ最中なので、日々の一切合切すべてが思い通りにいき、悩みもなければ、落ち込むこともないかと言えば、決してそんなことはありません。日常の中ではそれはもちろんいろんなことがありますが、ただその一つ一つ起きる出来事の積み重ねで、総じて導き出される結果や答えが、すべて求めてきた道や、良い方向に向かってきた人生であるように思うのです。

高校受験で第1志望には行くことはできませんでしたが、進学した高校では留学プログラムが充実していて、1年間カナダに留学することになりました。そこで自分の力で何とかする経験や自信をつけて、空手の全カナダ大会で優勝することができ、その実績や身につけていた英語力で、想定以上のはるかに良い大学に進学することができました。大学では今の妻と出会います。

元々「自由に生きたい」という願望が強かったこともあり、大学3年生のときに始めたゴミ拾いのボランティア活動が、テレビや新聞にたくさん取り上げられたことで、その活動が本になり、今の作家としての道が拓けました。

僕の人生の背景には、常に何があったか。僕はそれが「神さま、仏さま、ご先祖さま」の存在だったように思います。

失敗した、上手くいかなかった、思い通りにならなかったと、一見思うような出来事でも、時間が経ってみれば、結果的にそっちのほうが良かったよねという結果につながったり、本当に危機だと思った状況のときに、なぜあのときあの人が現れてくれたんだろう？　と思えるような奇跡的なご縁や出会いに恵まれたり、ふとしたときに適切なアドバイスを与えてくれる人や書籍に出会えたり、など。

そこには優しく「こっちだよ、こっちだよ」と自分を導いてくれて、結果的に一番自分が望むところに連れていってくれる、目には視えない神さま、仏さま、ご先祖さまがいて、その神さまたちに感謝し、手を合わせることですべてが上手くいくという、深い安心感が常にあったように思います。

一見順調な僕が神社に向かったわけ

その神さま、仏さま、ご先祖さまという目には視えない存在に対して、僕が確信を得るようになった出来事があります。

それは僕が30歳を目前にしたときのこと、すでに小説などを始め8冊の本を出して、作家の道を歩んでいました。ラーメン店を2店舗経営し、全国で講演会なども行っていましたが、その実は、本がまったく売れなくなっていて、講演会なども飽きられ始めて依頼が減り、店舗もどこか成長が止まっているなど、いろんな面で仕事が停滞していた時期でした。

ちょうどそのときに妻が妊娠し、喜びとともに疑問が湧いてきました。

「果たして、俺はこのまま父親になって大丈夫なのだろうか?」

そのときは少し仕事が上手くいっていなかったこともあり、一瞬そう思ったのです。

しかしこれまでの経験から、「まぁ、なんだかんだ上手くやっていけるんだろうな」という、果たして無責任なのか、それとも良く言えば、自信なのか、神さま、仏さま、ご先祖さまに対する信頼なのか、よくわかりませんが、無条件にそう思えました。

ただ、このときさらに思ったのです。

「もう一段階、上に行きたい」と。

確かに今でも幸せではあるし、何一つ不自由もない。でも、男として生まれてきたならば、そしてこれから子どもが生まれて、父親となるならば、家族にもっと豊かな生活をさせてあげたい、誇れる父親として生きていきたい。

そう思ったときに、僕はある場所に赴きました。それが、神社でした。

神さまって、誰？

このとき僕が持っていた願いは、「収入を倍にしたい」「本を10万部売りたい」「今まで書いてきた作品とは、まったく違う新しいテーマのものを書きたい」といった願いでした。

最初の頃は神さまのことを何も知らないということもあってか、家の近くの神社や、いわゆる有名なパワースポットというところに行ってお願いをしたりしていたのですが、結果はあまり芳しいものではありませんでした。

「何がダメなんだろう？」

そう思ったときに、ふと自分の神さまへの願い方に対して、疑問が湧いてきました。

「神さま、お願いします」と言っているけれど、その「神さま」って、一体誰なんだろう？　と。

そういえば、祖母が生きていた頃から、「神さま、仏さま、ご先祖さまのおかげさま」と言われ続けていたこともあって、何も違和感を持たず、「神さま」とすんなり受け入れてきたけれど、しかし改めて考えてみたら、俺は今一体、誰に、何に、お願い事をしているのだろうか？　何か願っているといっても、その対象が明確でないと、どこか願い自体がフワッとしていると言えばいいのか、ボンヤリと言えばいいのか、どこか曖昧な気がしたのです。

神さまとは？　白いヒゲをはやしていて、雲に乗っていて、白いワンピースみたいなのを着ていて、悪いことをしたらバチを当てて……それが、神さま？　と思ったのですが、どうにもピンとこない。ご先祖さまと言えば、正しくそこに生きていた時代の写真がある。仏さまと言えば、こちらもフワッとしているけど、大仏さんや不動明王さんなど、まだイメージがしやすい。しかし、神さまは……。

では今僕が立っている、この神さまがいると言われている神社で、僕がお願い事をしている、「神さま」というのは、一体誰なのか？　そこにいるはずの神さま、あなたは一体誰なんだ？

そう思ったときに、今自分はすごく失礼なことをしているのかもしれないと思ったのです。

神さまからしたら、自分のことを知りもしない人間が急にやってきて、「あなたのことはよくわかりませんが、僕の収入を倍にしてください、本を10万部売ってくださ い、お賽銭は10円で（当時の僕は失礼でした）」と言っているのと同じことなのです。

これをもし僕が神さまだったとしたら、「いや、叶えないだろ……」と思ったのです。

そして同時に、「少し神さまのことを知ったほうが良いのかもしれない……」と思いました。

もしかして畑違いの神さま？

そこから家に帰って、日本の神さまについて調べる日々が始まりました。

そうして調べてみたら、日本には一概に「神さま」といっても、ほぼ無限に近いほどいらっしゃるということ。その神さま一柱、一柱（神さまを数える単位は、「柱」と言います）ごとに、それぞれ持っているご利益が違うということ。

「ん？　ということは、今まで俺はまったく畑違いの神さまに、トンチンカンなお願い事をしていた可能性があるということか？」

そう思って振り返ってみると、父親は生前、ご先祖さまを始め、神さま、仏さまも大切にしていましたが、思えば、神さまも、仏さまも、特定の神さま、仏さまを決めていたように思ったのです。

例えば、商売繁盛の恵比寿さまや大黒さまなど。そうして決めた神さまのお札やときには像などを、家や会社、店舗の神棚や仏壇にお祀《まつ》りしていたような……。

神さまや仏さまに願いを叶えてもらうには、もしかしたらそういうことが必要なのではないか？　そう思ったと同時に、気づきました。

「確かにまったくご利益の違う神さまのところに行って、畑違いの願いを言われても、それは叶えられないかもしれない」

例えば、スポーツの神さまに商売繁盛を願ったところで、スポーツの神さまからしたら困るし、その逆もまた然り。しかし、これまで神さまのことについて、何も知らなかった僕は、ただ近所にあるから、ただ有名なパワースポットだからという理由でそこの神社に行って、好き勝手願い事を言って、そして叶わないじゃないか！　と嘆いている。

「もしかしたらこれは、きちんと神さまへの願いの届け方を知ることができたなら、僕が思っている以上に、簡単に神さまは願いを叶えてくれるのかもしれない」。そう思いました。

スサノオさんが大好きになった

そう思って、日本という国や神さまの成り立ちが書かれている神話「古事記」を読み、より深く日本の神さまのことについて調べていく中で、自分の持っている願いにピッタリな神さまを見つけることができました。

その名は、「スサノオ」さん。

色々と神さまを知っていく中で、どうにもこの神さまのことが気になって仕方なくなったのです。

僕がそのとき知ったスサノオさんという神さまは、太陽の神「アマテラス」、月の神「ツクヨミ」、大海原の神「スサノオ」という、誰もが一度は最近の携帯ゲームや漫画、アニメなど、何かしらの形で聞いたことがある、「伝説の三貴子」と呼ばれる神さまきょうだいの末っ子として生まれながら、しかし大海原を統治するという与えられた任務を放棄して、「お母さんに会いたい」と泣きわめき続けて、天上界へと逃亡。そこでも田畑のあぜを壊したり、神殿に大便を撒き散らかしたり、いたずら放題、わがまま放題した挙句、天上界を追い出され、しかし追い出された先の地上界で、怪物ヤマタノオロチを退治して、英雄になっていくという、何とも破天荒な神さまでした。

そんなスサノオさんのことを知っていくうちに、スサノオさんがダメダメだったところからヤマタノオロチを倒して英雄になっていく姿が、過去の自分がゴミ拾いをして人生が変わっていったときと重なったり、また母親が大好きなことや、何より僕もスサノオさんも末っ子であるといったところに、何か思いが共鳴するところがあり、気づけば、たくさんいらっしゃる神さまの中でもこのスサノオさんという神さまのことが好きになっていった自分がいました。

「せっかく願い事をするのなら、スサノオさんのところに行きたい」

自宅から行ける範囲で、スサノオさんが祀られているところを調べてみたら、車で1時間弱の荒川区に、素戔雄《すさのお》神社という神社がありました。

そこで改めて、先に述べた3つの願い事を、本殿にいるスサノオさんに手を合わせて祈りました。

あっさり叶って、人生激変！

すると、そこからでした。

ここに至るまでに、神さまのことをたくさん調べていたこともあってか、古事記の物語やそこに登場する日本の神さまの世界の面白さを自分なりに感じていたこともあり、これはもっと多くの人が知ったほうが良いと思い、自分なりに解釈した神さまの世界を、スサノオさんを主人（神）公としてブログで発信し始めたところ、数か月で１日のアクセスが１０００、２０００、３０００、５０００、１００００、２００００……を超えていくようになり、わずか半年で１日のアクセスが５００００を超えるようになりました。

それに伴い、再び出版の依頼が舞い込むようになり、本を出せば売れてくれて、次から次へと本を出していくうちに、その累計発行部数は10万部を超え、まさしく当初願っていた夢は叶い、またその中で経営していた店舗も2店舗だったものが4店舗に増え、こちらもまさしく収入が倍となりました。

これで当初抱いていた「今より収入を倍にしたい」「本を10万部売りたい」「今まで書いてきた作品とは、まったく違う新しいテーマのものを書きたい」、この3つの夢があっさり叶いました。そしてそれ以上に書いた作品が舞台化され、数千人規模の会場で上演されるようになり、また講演会を開催すれば、全国各地で超満員になるなど、現実が願いを軽く超えてくるほどの現象も起きたのです。

僕は驚くとともに、しかし同時に思いました。

「これはもっと多くの人が知ったほうが良い」と。

少し前置きが長くなりましたが、僕や父の実体験を知っていただき、皆さん自身がこれから「Ｍｙ神さま」を見つけることで、どれだけ人生が激変していくか、そのすごさをお伝えしたいと思います。

第1章

そもそも神さまって何?

〝いわれ〟からきちんと知っておこう

神社は願いを叶えてもらうための場所じゃない

Ｍｙ神さまの見つけ方をお話しする前に、この章ではまず僕がこれまでの5年間という時間の中で、神さまの物語を発信し続け、その中でブログの読者さんや多くの方々から、たくさんいただいてきた神さまに関する疑問や質問をもとに、僕の実体験を踏まえて、お答えしていこうと思います。

米粒一粒にも宿る神さま

その前に、まず皆さんは、「神さま」とは何だと思いますか？

世界中の人に、「神さまを知っていますか？」と聞けば、知らないという人は、ほぼ誰一人としていないと思います。

しかし、「神さまって何ですか？」と聞けば、その答えは人によって、みんな違うと思います。

この「神さま」という存在について、明確にイメージができなければ、神さまに願いを叶えてもらうこともできませんし、神さまに力になってもらうこともできません。

ではこの日本という国において、その「神さま」とは、一体何なのか？

世界中どこの国に行っても、何らかの形で神さまは存在しています。ただその形は、それぞれ違います。

西洋を始めとした諸外国において多いのは、いわゆる「一神教」という形で、全知全能、絶対の存在の神さまが、この地球をつくり、人間をつくった。その唯一絶対神のもとに、人は生きるべきという概念があります。

一方この日本においては、「神さま」と一概にいっても、先に述べたように、決して一柱の絶対の神さまがいるわけではなく、「八百万（やおよろず）の神々＝はっぴゃくまんではなく、無限に数が多いという意味」と言われていて、米粒の一粒一粒にも神さまが宿っている（一説によると、米粒一粒に七柱の神さまがいるとも）と言われています。

そう考えたら、この国にはとんでもない数の神さまがいるわけですが、なぜ同じ神さまの世界の中で、このような違いが生まれるのでしょうか？

その話をするためには、少しこの日本の歴史をさかのぼって、話さなければいけません。

僕らは本当に無宗教なんだろうか

まずこの日本において、神さまという存在はどのように定義されたのか？

かつての僕もそうでしたが、この日本で生活をしていると、自分自身の中に「宗教」という概念が存在しないかのように思ってしまいます。「自分は無宗教だ。宗教なんて怪しいものとは一切関係ない」と思って、生きている方も多いのではないでしょうか。

ですが、僕らは日々生きている中で、実はたくさんの宗教行事に自ら関わりにいっています。

まず神社に生まれてこのかた行ったことはない、という人はほとんどいないと思いますが、神社というのはこの日本において、「神道」という宗教の施設です。

恐らく多くの方が、子どもが生まれたらお宮参りにも行ったことがあると思いますし、子どもが大きくなると七五三や、そして何より合格祈願や必勝祈願、安産祈願や、出店がたくさん並ぶ夏祭りや秋祭り、お正月になると初詣……といったように、これだけ日常的に神社に行く機会が、日本にはあります。

その一つ一つは、もちろん神社側がただの善意のボランティアや町興しでやっているわけではなく、まずお宮参りというのは、正式名称では「初宮参り」と言い、赤ちゃんが無事生誕1か月を迎えたことを、産土神（うぶすながみ＝その人が産まれた土地の神さま）さまに感謝して、報告する行事です。

続いて七五三は、同じく生まれた子どもが、3歳、5歳、7歳まで、無事大きく成長することができたことへの感謝を、神さまに伝えるための行事です。

また夏祭りや秋祭りは、ただのどんちゃん騒ぎではなく、夏祭りは主に流行り病や疫病を鎮めるために神さまに祈る行事であり、秋祭りはその年の農作物の収穫に対して、神さまに感謝する行事です。

合格祈願や必勝祈願、安産祈願というのは、もうおわかりの通り、自分自身の願いに対して神さまに力を貸していただくために行うことですね。

といったように、「宗教」という言葉を聞くだけでアレルギー反応を起こしそうな人が多い、この日本という国の中でも、知らず知らずのうちに、みんな宗教行事に自ら積極的に関わりにいっているという、何とも不思議な民族が、僕ら日本人なのです（かっての僕もそうでした）。

では、この僕らの生活のうちに、知らず知らずのうちに深く入り込んでいる、この「神道」という宗教は一体何なのでしょうか？

神道は一神教とここがこう違う

まずその神道というものの起源については、これは誰もわかりません。いつから神社という施設がこの国に存在しているのかも、はるか昔のことすぎて資料が残っておらず、誰もわからないのです。ただ逆に言うと、それほどはるか昔から、この国の生活に根付いていたもの、それが神道であり、神社であるということです。

ただその謎の多い神道においても、その成り立ちについては、有力な説があります。その成り立ちは、自然現象に対して敬意を抱き、その営みに神を見出すシャーマニズム信仰が核となっていることです。

先ほど述べた、諸外国の唯一絶対神がこの地球や人のすべてをつくったという考え方ではなく、この日本では、草木や土、巨岩、山、川、海、滝、太陽、月、また雷や台風に至るまで、森羅万象すべてに神が宿るとされてきました。

なぜこの日本において、そのような考え方に至ったかというと、この国の大地に理由があります。

また諸外国との比較になってしまうのですが、多くの国々ではその古代において、自然現象を人間が生きていく上での圧倒的な脅威とみなしていました。

特に砂漠の地や岩の地、極寒の地では、食べ物が育つこともなく、ときに熱波や寒波に見舞われて、生きることが困難であり、そのためそのような地に生まれた民族は、より良い環境を求めて他の地へ行き、そこにいた先住民族と常に争いを繰り広げてきました。

そこにあったのは、常に自然というものは敵であり、制圧する対象であったということです。自然の脅威を神の名のもとに乗り越えて、自然を切り拓き、頑丈な家を建て、町をつくる。さらにより良い環境を求めて歩き、そこにいた文化や考え方の違う先住民たちもまた脅威の一つであり、我らが「神」の名のもとに制圧する。

少し極端な言い方をしましたが、これがいわゆる「一神教」の考え方の基礎であり、そこに実は世界中で今も争いが終わることなく繰り返される、根本の原因が隠されています。

日本の神さまの正体

一方日本では、思い出してほしいのが、この国は島国であるということです。海が他の大陸とこの国を隔ててくれて、その結果江戸時代の黒船来航まで（元寇などもありましたが）、他国からの侵略者を防いでくれました。さらにこの日本列島は気候に恵まれ、自然が美しく、四季があり、その結果食べ物にも恵まれ、世界的に見てもまさしく奇跡の島だったのです。

生きていく中で、何もせずとも昨日はなかったはずの植物の芽が生えていて、それが大きくなり実をつけて果物になったり、自分たちが食べていける農作物になったり。山から水が流れ、川になり、そこでは魚がいて、川が流れていった先では青く美しい大海原が広がり、またそこにも海産物が溢れている。

そんな奇跡の島に住む人々にあったのは、「感謝」でした。

生かされているという、感謝。

そしてかつての日本人たちは、その人知を超えた偉大なる自然の営みに対して、神性を感じて祈りを捧げ、感謝をし、後にお社《やしろ》を建て、「神」としました。それがいわゆる、神道や神社の起源と言われています。

そこからわかることとして、この日本という国における神さまの正体とは、まず「感謝」であるということであり、神社というのはただ願い事を伝えて叶えてもらう場所ではなく、まずは神さまに感謝を届ける場所であるということです。

それをもとに、これから神さまに関する数々の疑問について、お答えしていきたいと思います。

それでも神さまはちゃんと叶えてくれる

先ほどの話で言うと、確かに神さまには感謝を伝えるもので、神社では願い事を言う場所ではないということだけが印象に残るかもしれませんが、実際はそんなことはありません。

神さまは、人の願いもちゃんと叶えてくれます。

仏教がもたらした神社や神棚

これも歴史をさかのぼって、少し話をさせていただくと、確かに日本の神さまの始まりは先に述べた通り、人知を超えた偉大なる自然の営みに対する感謝から始まりました。それは間違いない事実だと思われます。

それははるか昔のことで、縄文時代にはすでに何らかの呪術や儀式が行われていたと思われる遺物が、遺跡から多く発見されているとのことです。その当時は、恐らく日本の各地で、それぞれの民族がそれぞれの形で儀式を行い、神さまに祈りを捧げてきたと言われています。

しかし人の営みというのは、常に連綿と続いてきたもので、その中で人はどんな物事でも成長し、進化させていくものです。日本という国の発展とともに、日本の統治機構や歴史、文化、宗教も整備されていき、神さまの祀り方や祭祀の仕方も統一した形で、徐々につくられていきました。

そして時代が移って6世紀（538年）、百済《くだら》から仏教が伝来し、日本に初めて神さま以外の「仏さま」という新しい概念がもたらされました。

このとき日本人は、どう対処したか？

もちろん同じ目には視えない世界のことであり、また人知を超えた存在のことである以上、どちらの存在が上か下かという論争にもなったようですが、そのとき日本が仏教に対してとった対応は、神さまも仏さまも、みんな同じ「神さま」。

いわゆるここで「八百万の神さま」という概念が明確に定められたようです。

そこにはたくさん良いこともあり、仏教が伝えられたことで、それまでの日本にはなかった、きらびやかな仏像や壮厳なお寺など、目には見える形で神さまに祈りを捧げようという概念が生まれたことです。

それまでの日本では、先述の通り、草木や土、巨岩、山、川、海、滝、太陽、月など、人知を超えた偉大なる自然現象に神性を感じ、その場所にしめ縄を巻いたり、神籬（ひもろぎ）といって、清浄な地にある常緑樹や榊《さかき》を立てて、神さまが降りてくる場所として、大切に扱い、そこで儀式などを行っていました。

それが仏像やお寺などの概念が入ってきたことで、まさしくこんなお祀りの仕方があったのかと衝撃を受けて、そこから日本でも神さまを擬人化して像に表したり、絵で表現したりするなどの、いわゆる「偶像崇拝」が始まり、712年に古事記という形で、イザナギさま、イザナミさまやアマテラスさま、ツクヨミさま、スサノオさま、オオクニヌシさまなどの神さまが登場する、物語としての神話が生まれ、同じようにお寺の概念を取り入れて、神さまのお社である神社ができたと言われています。

こうして少しずつ、日本でもまったく目には視えない超常現象の象徴だった神さまという存在が、目に視える存在として、より人々が接しやすい信仰対象として変わってきました。

そして同時に、仏教はもう一つある革命的な概念を、日本の神さまの世界にもたらしました。

「ご利益信仰」はこうして生まれた

それは、「現世利益」という概念です。

仏教では諸派や時代の違いはあれど、お祈りをして、お経を読むことで、無病息災、延命、治病、国家安泰などのご利益が、仏さまからもたらされるとされました。

そのご利益ということのわかりやすさから、仏教は爆発的に日本でも広がり、国家の政治にまで影響を与えるほど、多数の信者を獲得するようになったと言われています。

日本の神道の最も優れているところは、他宗教を否定しないところであり、またその良い部分を、時代の流れの中で常に取り入れて進化を続けるところだと言われています。

例えば、仏教伝来の中で、新しく日本に入ってきた仏さまも、すでに日本にいらっしゃる神さまとの中に、共通性を見出し（例えば姿形が似ていたり、起源が似ていたりなど）、似ているところがあれば、その仏さまも神さまも、まったく同じ「神さま」としてしまうなど、ある意味の大らかさがそこにはあります（だからこそ、今この現代でも神社の敷地の中にお寺があったり、その逆にお寺の敷地の中に鳥居があったりする、というのはそういうことです）。

その後、平安時代（794年～1185年頃）になってくると、身分制度や、それに伴う土地の制度など、それまで不安定だった社会・経済基盤が安定してきたことで、貴族の身分の人たちが個人的な願望成就を目的として、神仏に祈願を始めました。

その結果、この日本の神さまの世界においても、稲の豊作を主とした稲荷信仰や、国家安泰の八幡信仰、狩猟にご利益のある神さまとして始まった諏訪信仰など、その神社の数だけで言っても、全国何万社（稲荷信仰は最盛期には全国3万社以上、八幡信仰は4万社以上、諏訪信仰も2万社以上）となるほどの信仰が生まれます。その他にも現代にまで続く合格祈願や必勝祈願、安産祈願など、様々な個人的な願いを叶えてもらうためのご利益を願う、「ご利益信仰」が発展していきました。

これはすべて、時代の流れの中での日本の神さまの進化として、考えてくださって良いかと思います。

神さまは人がつくった存在なのか？

こういうふうに、人と神さまの歴史をさかのぼって話をしていくと、人によっては「夢がない」「じゃあ結局、神さまも人間がつくって、願いを叶えてくれるかどうかも、人の都合によって変えていった創作の存在ではないのか」と思う方も、中にはいらっしゃるかもしれません。

それはあながち間違いではなく、しかし、それが決して悪いことではないという話を、これからさせていただきます。

神さまは変幻自在

どういうことかというと、日本においては、神さまは常に、人の心とともにある存在であるということです。

言い換えるなら、神さまとは、それぞれの「人の心」が具現化した存在でもあります。

神社には、参拝をする本殿によく鏡があります。あの鏡はご神体といって、そこに神さまが降りてくる依代（よりしろ。神霊が降りてくる対象物）です。

では、ご神体である鏡を前にして神さまに手を合わせるときに、そこに何が映るか？

それは、自分自身です。そう、いわば神さまとは自分自身であり、その心のあり方によって、いかようにも姿形を変化してくださる存在であるということです。

例えば、悪いことをしたらバチが当たると思えば、本当に神さまはあなたに悪いことをしたらバチを与える厳しい存在になるし、同様に、どんな願いでも叶えてくださる存在だと思えば、本当にどんな願いでも叶えてくださる存在にもなってくれる（もちろんコツはありますが）。もちろん神さまなんていない！　と思えば、本当にいなくもなる。

なので、元々日本の神さまとは、人の感謝という心によってその存在が生まれ、時代の移り変わりの中で、人の心のあり方とともに、いかようにも形を変えてきてくださった有難い存在であるということです。

この、自分の心のあり方によって神さまはいかようにも変わる、というのは、このあとの話をする上でも、すごく大切な概念なので、ぜひ意識をしておいてもらえたらと思います。

日本人の集合意識がアマテラスさまを生む

では結局、アマテラスさまとは存在しないのでしょうか？

いいえ、存在します。

改めて説明をさせていただくと、神さまというのは先ほども申し上げた通り、人の心のあり方や想念によって、姿形を変える存在です。

それと同時に、たくさんの集合意識が集まることで、そこに確かに、その神さまが存在することになります。人の想念の力や、それが集まったときの集合意識の力は、それほど強い力を持っているということです。

そして、「太陽神のアマテラスさま」とは、日本に住んでいれば、ほとんど誰もが認識していることであり、そうである以上、アマテラスさまは確かに存在しています。

その逆に、その神さまのことを誰も思わなくなると、その神さまは消滅するということもあります。このことについて、このあともう少し詳しく説明いたします。

「目に視えなくても存在する」と断言する理由

目には視えなくても、確かにこの世界に存在するものは、たくさんあります。

例えば重力、磁力、紫外線、僕らが常に吸っている酸素や吐いている二酸化炭素もそう。この世界には、目には視えなくても確かに存在するものは、たくさんあります。

それは人の想念も同じです。

誰かのことを想えば、その人から突然連絡が来たり、「視線を感じる」というのも一つで、誰かに見つめられていると、それが全然わからない位置からだとしても、必ず何かしらの違和感を持つ。あれも見つめる人の想念から来るものです。

実は視えない無意識のところで、僕ら人間の行動は、その想念によって動かされています。

同じように神さまというのも、この何千年という歴史の中で、たくさんの人たちの想念の積み重ねによって形づくられてきた、僕らを生かしてくださっている存在であり、人知を超えた自然現象の象徴であり、またこれまで多くの人々の願いを叶えてきた存在です。

ドラゴンボールの悟空を神さまにする方法

この日本の神さまの仕組みをわかりやすく例えて言うならば、僕が大好きなドラゴンボールの主人公の孫悟空を、日本国民全員が「武運のご利益がある神さま」として、神社を建ててお祀りする。すると、本当に孫悟空は、「武運の神さま」として存在することとなります。

そしてそこでお参りした人が、本当に大きな大会で優勝したり、オリンピックで金メダルを取ったりするなどご利益が生じたら、力の強い神さまとして広く世間に認識され、より強い神さまとなります。

その逆に、一過性のブームとしてつくられて時間が経って、誰もお参りに行かなくなったりすると、孫悟空は神さまとしての力を失います。

これが現実にあるのが、現実に生きていた人が、日本では神さまになっている例です。

例えば戦国武将の徳川家康は、1603年に幕府を開き、約300年継続させたという生前の功績から、仕事運や上昇運のご利益がある神さまとして、日光東照宮に祀られています。それは、京都の建勲《けんくん》神社に祀られている織田信長や、豊国《とよくに》神社に祀られている豊臣秀吉、山梨県にある武田神社に祀られている武田信玄も同じ。

生前の功績によって、その力にあやかりたいと人々が願い、手を合わせることで、そのご利益を持つ神さまへと変わります。

このように今、全国で知られている様々なご利益を持つ神さまたちも、これまでの何千年という時間の中で、多くの人々の人生を支え、その願いを叶え、応援し、そして人々に感謝をされてきたからこそ、今この時代においても、消滅することなく、存在しているということです。

感謝をすると願いが叶いやすくなるという法則

では、神さまには感謝しないと、願いを叶えてもらえないのでしょうか？

確かに感謝をしたほうが、願いは叶いやすくはなります。

しかしそれにもちゃんとした法則があり、ただ見せかけだけ神さまに感謝をしても、願いは永遠に叶うことはないということも、重ねて説明しようと思います。

これでは永遠に願いは叶わない

まず先ほど述べた、「神さま＝自分の心」という考え方に基づくならば、「感謝をしないと、願いは叶わない」と思ってしまっている時点で、あなたにとって、神さまは感謝をしないと願いを叶えてくれない存在になってしまっているので、願いは叶えてくれません。

何だか禅問答のようになってしまっていますが、人の心というのは、シンプルなように見えて、それだけ複雑であるということです。

もっとシンプルに考えて、そもそもなぜ感謝をしたほうが良いのかということを、考えてほしいと思います。

感謝をするときというのは、どういうときでしょうか？　きっとほとんどの場合、有難いことがあって幸せだから、感謝をするのだと思います。

その逆に、願いを叶えてほしいから感謝をする、なんて人はいないと思います。

それは神さまに対して、「これだけ感謝しているんだから、願いを叶えてね」と駆け引きをしているのと同じです。そこにあるのは、「どうせ神さまは願いを叶えてくれない」という神さまに対する不信感であり、良くない意味での期待です。

そうなると、その心の深い部分にある、「どうせ神さまは願いを叶えてくれない」という思いだけが現実化し、どれだけ感謝をしたつもりで願ったところで、永遠に願いが叶わないという現実だけが繰り返されるだけです

幸せな人はどんどん幸せになっていくカラクリ

何より、願いを叶える意味というのを考えてほしいと思います。

願いを叶えて、どうなりたいのでしょうか？

ほとんどの人が、願いを叶えた先に幸せになれると思っているからこそ、その願いがあるのだと思います。

ただそこにあるのも実は、「この願いが叶わなければ、私は幸せになれない」という自分自身に対する不信感やネガティブな感情があるという事実です。

じゃあどうすればいいんだよという声が聞こえてきそうですが、それだからこそ、今ある目の前のことに感謝をすることが大切であるということです。

ご飯が食べられること、健康で歩けること、悩んだり、考えたりする時間があるということ、今日も晴れていること、空気を吸えること、生きていけること。そのすべてを与えてくれている、神さま。

感謝のハードルをグッと下げて、そういった一つ一つにしっかりと感謝をすることで、まず本来の願いを叶えた先になりたかったはずの、幸せというものが先に手に入ります。

その心が本当の感謝で溢れた状態で、神さまに祈る。

すると、本来持っていたはずの、「この願いが叶わなければ、私は幸せになれない」と思っていたはずの願いが、叶っても叶わなくてもどっちでも良いものになり、さっきまで持っていたはずの、その願いに対する執着がスルッと外れる。

すると、願いが叶う。

これが、感謝をすると願いが叶いやすくなるという法則です。

そこにあるのは、自分という存在に対する自信と信頼であり、それに伴う神さまという存在に対する絶対の信頼と安心感です。

神さまの世界ではその心が、見事に現実に反映されるということです。

願いが叶っても叶わなくても、どちらでも幸せと思えるほどの、日々心が充実した状態になると願いが叶うということで、よく言われるような、幸せな人はどんどん幸せになっていき、不幸な人はどんどん不幸になっていくという法則の答えは、すべてここにあります。

神さまにとっても、人間にとっても、一番良いやり方

よく勘違いされることではありますが、神さまは確かに願いを叶えてくださる存在ではありますが、決して召使いや便利屋のような存在ではないということです。

もちろん神さまにとっても、人の願いを叶える、明確な理由があります。

それは、神さま自身もまだ、成長途中の存在であるということです。

神さまはあなたの願いを叶えたい！

少し違う観点から話をさせていただくと、神道において、人は死んだら神さまになります。神さまになって、遺された子孫やその地域を護《まも》る存在になります。

ただ、神さまになったから終わりではなく、一概に「神さま」といってもすべて同じ存在ではなく、少し語弊がありますが、神さまの中でもランクがあります。

次はそのランクを上げていくために、精進をするのです。

その精進というのが、「人の願いを叶えること」なのです。

先に、生前に大きな功績を遺した人は、その死後に感謝し敬われ、生前の功績にあやかるために、神さまとして神社に祀られることがあると書きましたが、あれと同じ仕組みが神さまとなったあとの世界にもあります。

要するに、神さまの世界でも最初は見習いから始まり、人の願いを叶えて、「感謝」というエネルギーを多くの人々から得ることで、神さまとしても成長し、次のステップに進んでいくということです。

「一夜にして実現」の落とし穴

そのように、神さまにとっても、人の願いを叶える理由があるということがわかると、自ずと神さまの願いの叶え方というのも見えてきます。

まず神さまはランプの魔人のように、一夜にして、その人が願った願いをその通りに叶えてくれることは、ほとんどないということ。

どういうことかというと、それをすることは、寝ている人を神さまが優しく起こして、パジャマを着替えさせて、顔も洗って、歯磨きもさせて、髪も整えて、あれもこれもすべて用意をしてあげて、その上で学校まで送り迎えまでしてあげるのと同じこと。

要するに、そこにその人の成長はないということであり、そのような願いの叶え方をしても、感謝は生まれません。

先ほど僕は、「一夜にして、その人が願った願いをその通りに叶えてくれることは、ほとんどない」と書きましたが、宝くじに当たって仕事も辞めてしまったら、いろんな欲を持った人が寄ってきて、お金もすぐになくなって、勤労意欲も失って、逆に不幸になり……、という話を聞いたことがあると思います。

ここにはもちろん感謝など生まれるわけがなく、むしろ中には、宝くじが当たったことで神さまに対して恨みを抱く人もいます。そういう意味で、願いがそのまま叶うということは、決して良いことではないということです。

また、「一夜にして、その人が願った願いをその通りに叶えてくれることは、ほとんどない」の言葉の中で、「ほとんど」とも書いていますが、これは先に述べた通り、神さまの中にもまだ未熟な存在がいて、そのような形で願いを叶えてしまって、失敗をして、神さまも学ぶことがあるということです。

そうやって考えていくと、人間、神さま、お互いにとって、最も適切な願いの叶え方というのは、その願いが叶うまでの過程を通して何かしらの成長につながることが、必要であるということです。

それはもちろん、願いの成就に向かうまでの努力によって生じる、心身の成長然り、そこで生まれる家族や仲間との絆、その支えに対する感謝。そういった願いに向かうまでの過程の一つ一つを通して、成長していくということ。

そして、それをサポートするのが、本来の神さまの願いの叶え方であるということ。

そのように考えると、願いを叶えるために神さまが用意してくださるのは、その願いの成就に辿《たど》りつくまでの必要な人とのご縁や、必要な情報が与えられる環境、また、なぜあのとき、あの人に出会えたのだろう？　という奇跡的なタイミングでの出会いなど、そういった「きっかけ」を与えてくださるのが、神さまの仕事だということがわかってきます。

願いを叶える主人公はあくまで自分であり、神さまはあくまでそれをサポートしてくださる存在であるということです。

出会いや変化を見逃さない

そしてその願いが叶ったときは、もちろんその過程で出会った人や、またそれまでの道のりを用意してくださった神さまに、自然と頭を下げて、感謝をすることとなり、またもし願ったことがたとえ叶わなくても、自分自身がその過程でたくさんの成長をすることができ、そのあとの人生で出会う人が変わり、進むべき道が変わる。そうしてまた違う形で、結果を出すことができたなら、そのときに「あのときがあったから」と思えるはずです。

願いが叶うにしても、叶わないにしても、神さまはあなたの成長を願っていて、いつでもそのためのサポートをしてくださる存在であるということを、忘れないでいてほしいと思います。

ですので、神さまに願いを届けたら、そこから出会う人や目の前に現れる情報の変化をよく見るようにされることが良いのではないかと思います。

どんな人が神さまに好かれるのだろう？

神さまが人を嫌うことはあるのでしょうか？

ないです。そのよう場合は、神さまがその人を嫌いなのではなく、その人自体が、自分自身のことを嫌いであることがほとんどです。

では、逆に神さまはどんな人が好きなのでしょう？

明るく、楽しく、元気いっぱい生きる

神道における最も崇高な観念とされているのが、「産霊（むすひ）」という言葉です。産霊というのは、「霊を産む」。その文字の通り、天地、万物を産み、成長させる霊的な力のことであり、これまで書いてきた通り、自然の営みが神さまであると考えたときに、この生命を産み、発展させていくことこそが神さま自身であり、また神さまが人に望む生き方であり、望む世界であるということです。

これを我々人間に落とし込んでいくと、すごく簡単な言葉にするならば、「明るく、楽しく、元気いっぱい、生きること」です。

願いを叶えるという行為も、そのこと自体が目的なわけではなく、願いが叶って、より笑顔で、明るく、楽しく、幸せに生きるために、願いの成就があるわけです。願いを叶えることの本質は、こちらなのです。神さまはこの世界に生きるみんなが、そんな生き方をしてもらうために願いを叶え、応援をしてくださいます。

生命力を爆発させ、いつでも明るく、楽しく、笑顔で生きる。

そのときに、そんな自分のことが嫌いになる人はあまりいないと思うので、鏡の法則という意味で、神さまもあなたを好きになりますし、何より神さまは実体がないので、自分の代わりに、この現実世界で、人を喜ばせたり、人の願いを叶えるサポートをしたり、人に元気を与えてくれる人を応援してくださいます。

いつでも明るくて、その場にいるだけで場を明るくして、周りに元気を与えている人というのは、神さまと同じことをしているということでもあります。

そんな人を神さまは好みます。

願いが叶う神社参拝の方法

急に現実的な話になりますが、特段こうすれば特別願いが叶うといった参拝方法は、残念ながらありません。古代では、それぞれのやり方で神さまをお祀りしていました。ただそうとはいえ、この現代においてはやはり、ちゃんとした参拝の作法というものがあります。

もちろん「そんな作法なんて関係ない。自分のやり方でやります」というのも構わないのですが、作法を守るというのも神さまに対する敬意の表れです。またその神さまを大切にしているということが、自分自身を大切にしているという形で返ってくるのが、これまで述べてきた日本の神さまの世界なので、やはり極力作法は知って守ったほうが良いかと思います。

それを踏まえて、あくまで基本的な形としての神社での参拝方法をお伝えさせていただきます。

自己紹介をきちんとしよう

1 まず神社の境内に入る前に、鳥居の前で一礼をしましょう。神社は公共の場のように思えますが、神さまが住んでいらっしゃるお社です。そして鳥居は、人が住む世界と神さまが住む世界の境目とも言われています。人間でも自分の家に誰かが入られるときは、きちんと挨拶と断りを入れてほしいように、神さまにも礼を尽くしましょう。

2 本殿に向かう参道は真ん中を歩かないようにしましょう。参道の真ん中は神さまがお通りする道です。歩くときは、左か右か、どちらかに寄って歩きましょう。

3 お手水《ちょうず》の作法です。右手で柄杓《ひしゃく》を持ち、水をすくう→左の手のひらに水をすすぐ→柄杓を持ち替えて、右手の手のひらに水をすすぐ→もう一度、柄杓を右手に持ち替えて、左手の手のひらを受け皿にして水をすすぎ、ためた水を口に含んで、口をすすぐ→もう一度、左手の手のひらを水ですすぐ→両手で柄杓の柄を持ち、柄杓を立てて、全体を水で洗い流し、大きな音を立てずに、元の位置に丁寧に戻す。

※手水は簡易的な「禊《みそぎ》」であり、昔は神さまの前に立つ前に、身についた穢《けが》れを祓《はら》うために川に首まで浸かって禊を行っていました。それが時代の変遷の中で、簡易的になったものです。

4 本殿の前に立って、鈴があれば、まずは鈴を鳴らしましょう。神社の鈴には、二つの意味があり、まず一つ目は、音と振動を発生させることによって、目には視えない世界の神さまをお呼びすることです。二つ目は、「祓い」です。鈴の音に浸ることで、心身が整い、穢れが祓われていくことを感じてください。

5 お賽銭を入れます。お賽銭は神さまに捧げるものです。決して投げないように。

6 次に、二礼二拍手一礼です。まず深く（90度ほど）、二度頭を下げます。そして両手を合わせ、大きな音が鳴るように柏手《かしわで》を二度打ってください。先ほどの鈴と同様に、この柏手の音は視えない世界にいらっしゃる神さまをお呼びする合図です。できるだけ大きな音を鳴らしましょう。

7 両手を合わせた状態で目を瞑《つむ》り、まずは自分の名前と住所、生年月日を心の中で神さまに伝えてください。どこの誰なのかわからなければ、神さまも力になることができません。まずは自己紹介をしっかりして、その上で願い事があるなら、できる限り、明確に、簡潔に、神さまに伝えてください。

※願いを明確に、簡潔に伝えたほうが良い理由は、第3章で説明いたします。

8 もし特に願いがなければ、日々の幸せと感謝を伝えてください。そうすることで、先に述べた通り、究極の人間の願いとは結局は幸せになることなので、その幸せな状態がそのまま続き、理想的な未来を歩むことができます。

9 お祈りが終わると、再び深々と一礼し、神さまに「ありがとうございました」とお伝えください。

以上が、基本的な参拝方法となります。

自分から神さまに歩み寄る努力をしよう

この章では、これまで僕がたくさん質問されてきた神さまに関する代表的な質問を念頭に神さまの姿を論じました。

主に歴史的背景をもとに述べましたので、人によっては「夢がない」「もっと神さまの超能力的な話を聞かせてほしい」と思った方もいらっしゃるかもしれません。

願いの適切な届け方を身につける

もちろんそのような形で話をすることもできないわけではないのですが、これまでの経験上、そこに焦点を当てすぎてしまうと、神さまに対する畏敬の念を悪い意味で超えた、依存心のようなものが生まれ、結果「神さま＝自分の心」という鏡の法則が発動します。依存するだけ依存して、結局何も変わらないという現実を見てきた経験から、あくまで事実や歴史的背景をベースに、神さまの成り立ちを書かせていただきました。

これにもちゃんとした理由があります。神さまの成り立ちやこれまでの歴史的背景を知ることで、皆さん自身がご自分だけのオリジナルの神さま像を持ってもらうための一助としていただくためです。

何が言いたいかというと、かつての僕のように、「神さま」というだけでフワッとしたイメージを持っていてしまうと、神さまは鏡の存在である以上、いつまで経ってもフワッとした中途半端な現実創造しか行われません。

しかしこれまで書いてきたように、神さまの成り立ちや歴史的背景、神さまの願いの叶え方や神さまの願いを叶える意味などを知ることで、少なくとも、自分の中で神さまに対する知識が増え、それによって具体的に神さまのイメージを持ちやすくなり、神さまへの願いの適切な届け方を知ることができます。

そうなると、より「神さま」という存在に対して、明確なイメージが湧き、また場合によってはより感謝や愛着を持つことで、ここでも鏡の法則が発動し、神さまもあなたに感謝や愛着を持ってくれ、より力になってくれるというわけです。

力になってもらう最大のポイント

これまで作家として5年以上、神さまの物語を本やブログ、SNSなどで、多くの人々に発信してきて、神さまに力になってもらうために、まず必要なことは、「自分から神さまに歩み寄る姿勢」だと思っています。

これまでも書いてきましたが、神さまは決して、ただ願いを叶えてくれる召使いや便利屋ではなく、またすべてを一瞬にして変えてくれる全知全能の存在でもなく、人とともに歩み、ともに成長をしていくパートナーであるということです。

そこには上手くいくこともあれば、失敗していくこともあり、それをともに乗り越えて、人とともに神さまもまた成長していくのです。

まずそこの認識がないと、本書の一番の目的である、皆さんにとっての専属の神さまである、「My神さま」は見つけることができません。

そのために、第1章を書かせていただきました。

改めてもう一度気になった点や、疑問に思った点などを読み返して、自分なりの神さま像を描き、その上で次章を読んでいただきたいと思います。

第2章

ともに歩み、ともに成長する

My神さまの見つけ方

自分のやりたいことから見つける
——Ｍｙ神さまを決める法❶

この現代においても、大きな結果や成果を残している人、また歴史上の偉大な人物にも、必ずといっていいほど、「Ｍｙ神さま」という存在がいることは、すでに書きました。

では、その「Ｍｙ神さま」をすでに見つけている人たちは、どのようにして「Ｍｙ神さま」を見つけることができたのでしょうか。

この章では誰しもに必ずいる、「Ｍｙ神さま」の具体的な見つけ方を、お伝えさせていただきます。

本当は何をやりたいのか

まずＭｙ神さまを見つけるために、必要なこと。それは、「決める」ことです。

は？　と思われたかもしれませんが、実はＭｙ神さまを見つけるのには、お金も要らなければ、神さまの姿が視えるようになる必要もありませんし、特別な条件もなければ、特殊能力も必要ありません。

自分の心で決めるだけです。

そんなことでいいの？　と思われたかもしれませんが、本当にそんなことでいいんです。

ただ、これまで申し上げてきた通り、神さまという存在に対して知識や明確なイメージがないと、その「決める」という行為すらぼんやりとしていてきちんとできないので、第1章で神さまについての知識や歴史的背景を書いてきたわけです。

それを踏まえて、僕にとってのスサノオさんのように、皆さんにとってのＭｙ神さまを見つける方法の、まず一つ目が、「自分のやりたいことから見つける」ということです。

先に書いた通り、神さまと人というのは、願いの実現を通して、ともに歩み、ともに成長していくパートナーです。しかしお互いにそのパートナーとなるためには、人間側がまずやりたいことや目指すべき道を、明確に提示しなければいけません。

そしてそこには、一切の嘘やごまかしは通用しません。

なぜなら神さまというのは、僕ら人間の心の鏡の存在なので、どれだけ口先だけで世界平和や一見良いことを願ったとしても、そこに真実がなければあっさりと見抜かれてしまいます。

だから特に大きな理由もなく、「お金持ちになりたい」「宝くじが当たってほしい」といった願いや、「有名になりたい」といったような願いは叶いにくいのです。その先にある、「何のために」というのが見えにくいからです。

もう一度繰り返しになりますが、そこに成長や明確な目的、ビジョンがない願いでは、神さまは動いてくれません。

ですのでまず、Ｍｙ神さまを見つける上でやるべきことの一つ目は、「自分が本当に何をやりたいのかを知る」ことです。

そしてそのやりたいことが見つかったなら、その自分のやりたいことや目指すべき未来と、持っているご利益が合う神さまを見つけて、決める。

これが最も基本的なＭｙ神さまの見つけ方です。

願いが叶ったとき、あなたはどうなっているのか

例えば僕の場合で言うなら、子どもの誕生を控え、本も売れなくなり、講演会の回数も減っていき、そんなモヤモヤした自分の人生を変えたいと思っていました。

そのときに古事記を読むようになり、その中で登場したスサノオさんという神さまに惹かれ、実際にスサノオさんのいる神社に通うようになりました。

そこから大きく人生が動き出しました。

もちろん当時の僕がスサノオさんの持つ具体的なご利益までは知らなかったのですが、それでもたまたまなのか、それすらも神さまの導きだったのか、スサノオさん自身も古事記の物語の中で、ダメダメだったところから、怪物ヤマタノオロチを倒して英雄になっていくという、運命を変えていった経験があり（神さまにはご自身が歩んできた経験をご利益とする力があります）、僕の願いとスサノオさんの「人生を変える」というご利益が完全に一致して、そこからあっという間に人生が変わっていきました。

これだけで良かったのです。

ここには数百万円というセミナー代も要らなければ、高価な壺を買う必要もなく、

僕に権利料を払う必要もありません。

自分の願いや夢を定めて、そのご利益を持つ神さまを自分で指名して、決める。これだけでいいんです。

ただ唯一言えることは、自分自身のやりたいことやなりたい自分、願いや夢、その先にある目的が明確でないと、そのご利益を持つ神さまとの出会いは導き出されないということ。

このときの僕にとっては、「人生を変えたい」という願いの先に、「人生を変えて、もっと家族を幸せにしたい、誇れる父親になりたい」という明確な目的があった。

だから、最速で願いが叶い、欲しかったものがすべて手に入ったのです。

そういった意味で、あなたにとって、本当にやりたいことは何でしょうか？

臨時収入が欲しい、職場のイヤな人を何とかしたい、運が良くなりたいなどの、その先に明確な目的がない願いを叶えるのは、本来の神さまの仕事ではありません。

「お金を得て、こういうことがしたい」「職場のイヤな人を何とかして、みんなが幸せな理想の職場をつくりたい」など。あなたが願い、その願いが叶ったときは、どうなっているのか？　どんな未来があるのか？　どうあなたは成長しているのか？

それが具体的であればあるほど良く、その願いを持った上で、ぜひ第4章「最強の神さま88」をご覧いただき、ご自身の願うご利益を持つ神さまを見つけて、あなたが決めてください。

それが、あなたとMy神さまの運命の出会いとなります。

生まれや育ちから見つける
――Ｍｙ神さまを決める法❷

Ｍｙ神さまの見つけ方には、先ほど書いた自分のやりたいことから見つける以外にも、様々な方法があります。

中にはまだ、そうはいっても、そんなにすぐにやりたいことが見つからないといった方もいらっしゃるかもしれません。

そういった方におすすめするのが、ご自身の生まれや育ちから、Ｍｙ神さまを見つけるという方法です。

荒ぶる川とスサノオさん

今ここに生きている以上、皆さんはそれぞれ人とは違うルーツを持っています。

そこにＭｙ神さまを見つけるヒントがあります。

例えば、名字。

僕の場合で言えば、僕の名字は「荒川」です。実はこれもＭｙ神さまを見つけるヒントになるのです。

例えばもうすでに書いた通り、東京都には「荒川区」があります。そこに素戔雄神社があります。素戔雄神社に限らず地域にある神社と僕は、何かしらのご縁がある可能性が高いです。

またスサノオさんは治水にご利益を持つ神さまでもあり、関東を流れる荒川を始めとして、昔から大きな川沿いにはスサノオさんを祀る神社が多くあります。

こういったところからも、Ｍｙ神さまであるスサノオさんとの接点を見出すことができます。

自分のルーツを辿ってみよう

といったように、皆さんにも必ず名前や生まれなどから、何かしらのご縁がある神さまが必ずいるのです。

わかりやすい例で言うならば、名字が田中さんの場合、全国にいくつかある「田中神社」のご祭神と縁がある可能性が高いですし、それは山田さんも同じ。自分の名字や先祖の名字をさかのぼっていくと、見えてくる神さまとのご縁があります。

またご自身のご先祖さまが生まれ育った地域の神社や、ご先祖さまが大切にしていた神さまがいらっしゃったら、それは確実にあなたのＭｙ神さまです。

そんなの調べようがないと思ったかもしれませんが、最近は家系をさかのぼって家系図を作成してくれるサービスなどもあるので、そちらなどをぜひご活用ください。

そうして調べていって、もし自分が藤原系の家系の子孫だということがわかれば、藤原家が祀ってきた神さまは武神タケミカヅチさまなので、タケミカヅチさまがあなたのＭｙ神さまですし、もし物部氏が関係していたりしたら、Ｍｙ神さまは物部氏のルーツであるニギハヤヒさま……といったように、家系からＭｙ神さまを知る方法もあります。

またそうでなくても、家系を知ることで、ご自身の家系が代々どんなことを生業にしていて、何を大切にしてきたかを知ることで、ご自身の使命を知り、その使命に合わせたＭｙ神さまを見つけることができるかもしれません。

といったように、それぞれの生まれには、家族やきょうだいを除いて、他の人とまったく同じということはなく、あなたがつながれてきた生命には、必ず受け継がれてきた伝統やあなただけの意味があります。

そこを知ることで、ご自身の生命の意味を知り、同時に進むべき道を知ることもできます。

ぜひMy神さまを知るという意味も重ねて、ご自身のルーツを辿るということをおすすめします。

神さまの物語から見つける
――Ｍｙ神さまを決める法❸

僕とスサノオさんは、ともに末っ子であることや、母親が大好きであること、またダメダメなところから、あるきっかけを通して、ともに人生を変えていったことがあるという経験に、僕は深く共感し、それでスサノオさんのことが好きになったと、冒頭で書きましたが、古事記や日本各地にある神話を読むと、神さまそれぞれに物語や背景があることがわかります。

そしてそれを知ることで、どこか神さまに親近感を覚えることがあります。

先ほども書きましたが、神さまには自身がされてきた体験をご利益とする力があります。

イワナガヒメさま、タケミナカタさまの物語

例えば、第4章「最強の神さま88」でもご紹介いたしますが、主に静岡県の伊豆地

方で祀られているイワナガヒメさまという岩の女神さまは、かつて妹のコノハナノサクヤヒメさまとともにニニギさまという神さまのもとに、お嫁に出されることとなりました。

しかしそのとき、あろうことか、ニニギさまは見た目がタイプではないという理由で、イワナガヒメさまだけを返されてしまったのです。

イワナガヒメさまは、その後伊豆地方で悲しみのままに暮らしたと言われていますが、このような背景からイワナガヒメさまは男女を問わず、人生の中で選ばれなかった悲しみを持つ人や、恋愛において深く傷ついた経験がある人の、強い味方になってくださる女神さまです。

またもう一つ例をあげるなら、全国各地で祀られていて、長野県の諏訪地方に総本社 諏訪大社があるタケミナカタさまは、かつて天の神さま（天つ神）と地の神さま（国つ神）が、地上界の覇権を争ったときに、地上界最強の武神として、天上界最強の武神タケミカヅチさまに挑んだものの、敗北。出雲（島根県）の地から、諏訪の地に追いやられたと言われています。

その物語の背景から、一度挫折した経験から立ち上がろうとする人や、敗北して再起を期する人に強いご利益をもたらしてくださいます。

あなたと同じ思いや経験を持つ神さま

といったように、神さまの歩んできた物語や背景を知ることで、自分自身が歩んできた道や経験してきたことと共通点を感じることができたなら、そこに親近感が生まれます。

その親近感こそが、あなたと神さまとの絆となります。

ぜひそういった意味で、古事記を始めとした日本の神話や伝承に触れてみてほしいと思います。

そこには必ずあなたと同じ気持ちや経験をされてきた神さまがいて、大きな力になってくださいます。

意外かもしれませんが、日本の最高神であるアマテラスさまも、弟スサノオさまの乱暴狼藉《ろうぜき》に思い悩み、職務を放棄して岩戸の中に隠れてしまったということがあるのです。

言葉は悪いですが、引きこもり体験があるということですね。そしてまたアマテラスさまの長男であるアメノオシホミミさまもまた、かつて天上界の神々と地上界の神々が争ったときに、天上界から地上界へと派遣されましたが、地上界の荒れた様子に恐れをなして、途中で引き返して引きこもってしまったという話があります。

なんと日本の最高神は親子二代に渡って、そのような経験があるということです。決して完璧や全知全能ではなく、神さまもまた不完全だからこそ、人間とともに歩み、ともに成長してくださる。

日本の神話や神さまを知れば、そのことをよくわかっていただけるかと思います。

神さまに呼ばれる
――My神さまを決める法❹

街を歩いていたら、なぜか同じ場所の広告が目に入る。

テレビや新聞、雑誌を見ていたら、なぜか同じ神社が登場する。

人から偶然ある場所の話を聞いた。

大切にしたい「何となく」の感情

こういった体験は、皆さんそれぞれにあるかもしれませんが、それがいわゆる「神さまに呼ばれる」ということです。

「気になる」というのは、そこに必ず何かしらの理由があるから気になるわけであって、理由がなければ同じ話を聞いても、同じ情報を得ても、何も気にならない人は気になりません。

気になったところにアンテナを張ってみて、出かけてみるには「時間がない、お金がない」という抵抗があったとしても、いったんそれは横に置いて、素直な気持ちでその場所に行ってみてください。そこにいる神さまがあなたを待っています。

またもし神社巡りを元々趣味とされている方でしたら、そのまま引き続き、いろんな神社に行かれたら良いと思います。

その中で、ご祭神もわからないし、その神社の由緒もわからないけど、「それでも何となくこの神社が好き」と思える、その「何となく」の感情を大切にしてください。

先ほども述べた通り、その感情は偶然ではなく、そこには必ず意味があります。

何となくの気持ちに従い、そこの神社の由緒を知り、ご祭神を知り、そこからＭｙ神さまになっていただくというのも、良い形だと思います。

普段の生活で忙しくしていると、なかなか気づきにくくなったりしますが、視えない世界にいる神さまは様々な形で、生きている僕たちにメッセージを送ってくれています。

新聞やテレビを始めとして、電光掲示板のメッセージ、目の前にいる人からの言葉、ＳＮＳで流れてくる投稿、その一つ一つには必ず何かしらの意味があります。一つ一つを辿ってみると、思いもかけない形で、神さまがあなたを待ってくれています。

Ｍｙ神さまのいる神社に行こう
――絆を深める法❶

Ｍｙ神さまが見つかれば、そのあとどうすればいいのか？
何もしなくても、勝手に運が良くなって、願いが叶うのか？
そう思われるかもしれませんので、そのことについてお伝えさせていただきます。

繰り返しの参拝でご利益は飛躍的に加速

まずこれまでに述べてきたような形や、また第4章で紹介する「最強の神さま88」をもとに、ご自身の中で「この神さま！」というＭｙ神さまが決まったら、まずはその神さまの祀られている神社に行ってください（第4章には、その神さまが祀られている主な神社も掲載しています。近くにないという場合は、ネットで検索していただければ、必ずどこか出てくると思います）。

そしてその神社が見つかって参拝に行く。

するとその神社は、あなたにとっての「Ｍｙ神社」となります。

これまでは世の中に溢れる様々な情報に従って、いろんなパワースポットや神社巡りをしていたかもしれませんが、この段階ではあなたは、自分の願いや描く未来が明確に定まっているはずですので（そうでないとＭｙ神さまが決まらないはずなので）、ある意味の拠点ができます。

決して他の神社に行ってはいけないというわけではありませんが、今後はそのＭｙ神社を拠点として、繰り返し参拝するようにしてください。

すると、もちろん繰り返し参拝することで、そこにいらっしゃる神さまもあなたのことを覚えてくださいますし、何よりあなた自身もその神社に愛着が湧き、その愛着が鏡の法則としてあなたに返ってきて、願いの実現や、ご利益が飛躍的に加速してあなたに与えられるようになっていきます。

もう一つおすすめするのは、Ｍｙ神さま、Ｍｙ神社が決まったら、一年に一度でいいので、そこの神社で正式なご祈祷《きとう》、ご祈願を受けることをおすすめします。

そういった一つ一つの過程を経て、あなたとＭｙ神さまの絆は、どんどん深いものへとなっていきます。

あなたの家にＭｙ神さまをお招きする

——絆を深める法❷

神さまには感謝や祈りを捧げれば捧げるほど、それが神さまのエネルギーになることは、すでに書いた通りですが、ということは、Ｍｙ神さまとの絆を深めるには、より多く神さまに感謝や祈りを捧げる機会を設けたほうが良いということでもあります。

それには、どうすればいいか？

もちろんＭｙ神さまが祀られている神社に、毎日のように参拝に行くことができれば一番良いことですが、距離的なことや時間的なことで難しい方もいらっしゃると思います。

そういった方におすすめするのが、Ｍｙ神さまの祀られている神社に行ったときに、神札《しんさつ》を受けてくるということです。

その神札を家にお連れして、神棚を設置して、その神棚にＭｙ神さまの神札をお祀りし、米と水と塩と酒をお供えしてください。簡易的な形になりますが、これであなたの家がそのMy神さまを祀る神社になります。
そのあなただけの神社で、My神さまをお祀りし、毎日手を合わせるようにしてください。こうすることで、My神さまに毎日感謝と祈りを捧げる場がつくられます。

神棚設置のポイント

神棚はどこでいただけばいいですか？　とよく聞かれますが、例えば伊勢神宮など、大きな神社の社務所に置いてあるケースももちろんありますし、専門の販売店もあります。専門店では、ほとんどの場合、オンライン対応もしてくれているので、全国どこからでもネット注文することが可能です。

神棚を設置する場所は、できたら太陽の方角である南向きや東向き。家によっては建て付けの問題で、そのように設置できない場合は、家の中でもできるだけ陽当たりが良く、風通しの良い場所にするようにしてください。また神さまは元々自然の存在ですから、そのことを忘れず、家の中でもできるだけ自然環境が良い場所を意識して、なるべくジメジメした場所は避けてください。

またもしマンション住まいで上階に人が住んでいる場合、神さまの上に人が住んでいることになってしまうので、木や紙に「雲」と書いて、天井に張るようにしてください。こうすることで、「神さまの上には、もう天しかありません」という環境をつくることになります。

米、水、塩、酒をお供えする理由

そしてなぜ、神さまには米、水、塩、酒をお供えしたほうが良いのか？

神代（初代 神武天皇が即位する以前の、神さまがこの国を統治していた時代）に、アマテラスさまのお孫さまであられるニニギさまが、地上界の統治のために、天上界から降臨されるとき、「この稲づくりを通じて、この国がいつまでも平和で、豊かな国でありますように」という言葉とともに、稲をお授けになりました。ニニギさまはその言葉に従い、土地を耕し、稲をつくり、また現在の宮崎県の高千穂峡から水種を持っていき、日本全国が豊かな水源を持つようにと配っていき、米と水が豊かな国をおつくりになられました。

そのため神話の中で日本は、みずみずしい稲穂が豊かに実る国という意味の、「豊葦原瑞穂国（とよあしはらのみずほのくに）」と呼ばれていたのです。

その日本という国にとって大切な米と水をお供えすることに加えて、塩は古来その場を清める効果があると言われています。できたら、精製された塩ではなく、天然塩をお供えしましょう。またお酒については、米と水を使ってつくられる日本酒が最適とされています。

よく神さまは米と酒が好きと言われますが、こういった俗説も調べてみると、きちんとした理由があります。

お供えの配置については、神さまが好きなものから近くに置いていくといいと言われています。その順番は、①米、②酒、③塩、④水と言われています。1列に置けたらいいですが、配置的に難しい場合は、2列にするなど工夫されてください。

お供え物を交換する頻度は、理想は毎日で、朝にお供えをして夕方にお下げするのが理想と言われていますが、毎日は厳しいという方は、日を決めて行うようにすれば良いと思います。

お供え物には神さまの霊力が宿る

またよく神棚に祀られている植物は、「榊《さかき》」と言います。古来より日本では、植物や先端が尖ったものには、神さまの力が宿ると考えられていて、そのため榊には神さまが降り立つ依代としての役割の他に、常緑樹であることから、常に葉が落ちることがないため、「栄える木＝栄木＝榊」、また「神さまと人の境にある木」など、様々な由来を持って、神さまにお供えすることになりました。

最近は榊も海外産のものが多くなっていますが、できたら国産の、また交換時期については状態にもよりますが、できるだけ枯れる前には交換するようにしましょう。

また昔の人々は神さまにお供えをすると、そのお供え物には神さまの霊力が宿ると信じており、お下げしたお供え物は体内に取り入れることで、神さまの力を得ることができるとして、料理などに使っていました。

神棚のお祀りの仕方ももちろん人によって、地域によって、多少の違いはありますが、それでも先ほど書いてきたような、「そこにある意味」というものを汲み取り、それを踏まえてご自身の形で、それぞれの家にお招きした神さまを大切におもてなししていただきたいと思います。

日々の報告をする
――絆を深める法❸

これで、あなたの家にＭｙ神さまをお招きすることができました。
その上で、毎日の感謝とお祈りに加えて、ぜひやっていただきたいことがあります。
それは、神さまに日々の報告をするということです。

ごく小さな幸せに感謝する

その日の終わりでも、寝る前でも構いませんが、その日あった良いことをお伝えする。そしてそれが、神さまのおかげさまであることを伝え、手を合わせて感謝するようにしてください。

神さまはその報告を喜び、そこにある小さな幸せを、より大きな幸せへと変えてくださいます。

「良いことなんかそんなに毎日ないよ」と思われるかもしれませんが、どんな小さなことでもいいんです。そのときだけは、良いことや感謝のハードルをグッと下げていただきたいと思います。

例えば、

・今日晴れていた
・電車が遅延しなかった
・風が気持ち良かった
・お昼ご飯が美味しかった
・夕飯に好きなおかずがあった
・お気に入りの服を着られた
・今日も健康だった
・トイレが普通にできた

といったように、普段は当たり前で感謝もしないようなことにも焦点を当てて、あえて感謝をするようにしていただきたいのです。

幸せの基本というのは、いきなり大きなビッグチャンスやラッキーパンチがやってくることではなく、小さな幸せを大きく育てていくことです。そしてその小さな幸せを、大きく育てて持ってきてくださるのが神さまなのです。

なので今日あったことや嬉しかったことを報告すると、神さまはその報告を喜んで、あなたのためにもっと頑張ってくださいます。

それは人間と同じです。

僕ら人間も、自分がしたことで目の前の人が喜んでくれて感謝をして、わざわざ報告までしてくれたら、もっともっと何かをしてあげたくなる。その感覚と一緒です。

そしてその次に神さまが用意してくれること

そして同様に、願いや夢をＭｙ神さまに届けていたなら、その進捗もどんな小さなことでも報告するようにしてください。

・夢に向かうこんな情報が入りました
・こんな本に出会えました

・初めて人に話せました
・その人が興味深そうに聞いてくれました
・良いインスピレーションが思い浮かびました
・行きたい場所が見つかりました

など。

その報告をしていくと、神さまは次にその報告よりも、また進化した変化や出会いを用意してくださいます。

そうして一歩一歩、夢や願いの実現に向けて歩んでいく。

これが神さまとともに歩むということであり、その夢や願いを通して、神さまと絆が深まり、ともに成長していくということです。

ここには神さまに対する依存心もなければ、夢や願いに対する執着心もありません。あるのは自分自身の成長と、神さまに対する感謝と敬意です。

これが本来の神さまと人の関係のあり方であり、神さまはそのように生きてくれる人を、パートナーとして探してくれています。

絵にしてそばにいてもらう
——絆を深める法❹

神さまを像や絵に表すというのは、先に奈良時代に仏教がもたらした、「偶像崇拝」という概念であり、神さまや仏さまを視覚化することで、より信仰心が高まるといった利点があります。それに対して、見えることで逆に依存心を生むという欠点が言われ、賛否両論あります。

僕は目に見えることで、神さまに対してよりイメージが湧き、親近感が持てるのならば、大いに活用すべきだと思います。

イメージをはっきりさせる極意

例えば僕の場合は、My神さまをスサノオさんと決めたときに、自分なりのイメージのスサノオさんの絵を描き（249ページ）、神棚にお祀りし、携帯の待ち受け画面にして肌身離さず、一緒にいるようにしました。

また、スサノオさんが関西弁でしゃべっている姿を想像し、普段はおしゃべりで、騒がしくて、子どもみたいで、自己主張が激しくて、ナルシストで、自分大好き、そんなスサノオさんを想像しました。だからこの本でも神さまを、基本的に「○○さま」と書いていますが、スサノオさんだけはスサノオ「さん」なのです。この呼び方は、僕からスサノオさんへの愛着の証《あかし》でもあるのです。

それが良いか悪いかや、合うか合わないかは、人によって違うでしょうが、僕の場合はこうしてスサノオさんを視覚化したことによって、格段にスサノオさんという神さまが常に自分のそばにいることをイメージしやすくなり、また愛着を持つようになり、それによって鏡の法則が発動し、きっとスサノオさんも僕に対する愛情を持ってくれたのでしょう。わずか半年という短い時間で、欲しいものをすべて手に入れることができました。

といったように、もちろんご自身で神さまのイラストを描くのもいいですし、誰かに描いてもらうのも悪いことではないと思います。

大切なことは、どうしてもフワッとしがちな神さまという存在のイメージを、知識や視覚化を経て、どれだけ自分が具体的にイメージできるかどうかです。

ご先祖さま、氏神さま、産土神さまが護ってくれる――Ｍｙ神さまが見つからないとき

ここまで一生をともにするぐらいの気持ちでのパートナーとして、Ｍｙ神さまの見つけ方について書いてきましたが、とはいえ、中には、やはりそこまでやりたいことや夢といった強い願望はありませんといった方も、いらっしゃると思います。

そういった方は、第4章「最強の神さま88」をご覧いただいて、日々の小さくとも、ささやかなお願い事に合わせて、そのご利益を持つ神さまに会いに行って願うだけでも良いかと思います。

そのような形でも、もちろん神さまは力を貸してくださいます。

それと同時に、ここまで読んだ段階で、まだ何となくＭｙ神さまと言われても、ピンとこない。そんな自分には、Ｍｙ神さまはいないのだろうか？ 私は神さまに護られていないのだろうか？ と、思われる方がいらっしゃるかもしれません。そんな方にお伝えさせていただきます。

誰しもに平等に、何も言わなくても、何も願わなくても、必ずいつも護ってくれている神さまがいます。

そしてそれらの神さまは、夢の実現や願いの成就などの形でのご利益ではないかもしれませんが、日々の生活の安定や、事故、ケガ、トラブルなく過ごせるように、日常の幸せを護ってくれています。

その神さまとは、ご自身のご先祖さまであり、また氏神さまと言われる、今住んでいる地域の神社の神さま、またあなたが生まれた地の神さま、産土神さまです。

子孫の幸せと繁栄を願う祖先神さま

ご先祖さまというのは、その名の通り、皆さんと血のつながった祖先です。

先に書いた通り、神道では、人は死んだら遺された家族やその地域を護る、「祖先神」という名の神さまになります。

その祖先神さまの願いは、子孫の幸せと繁栄です。それは生前の関係がどのような関係であっても同じです。肉体から魂が離れたことによって、生前の因縁や穢れからも解放され、本来の自分自身の目的に立ち返り、子孫を護り、繁栄させること。そのために常に力を発揮してくださっています。

そんな祖先神さまを大切にするために、僕ら人間ができることは、祖先神さまの祀られている神棚や仏壇に、毎日手を合わせることと、お墓参りです。

祖先神さまも神さまと同じで、その存在を大切にする人がいなくなったり、その存在自体を忘れ去られてしまったとき、残念ながらその存在が消滅してしまいます。

その逆に、子孫が祖先からの生命のつながりを忘れず、家系と伝統を大切に護り、繁栄させているとき、祖先神さまもこれ以上ないほど、強い力を発揮してくださり、生きている子孫の家をさらに大きく発展させてくださいます。

これは冒頭に書いた、うちの父の例が当てはまります。

うちの父も20代後半の起業当初は、ご先祖さまに対する感謝や生命のつながりのことなど、考えたこともなく、願うのはただ自身の成功だけでした。

しかし占い師さんの言葉によって、ご先祖さまを大切にすることの必要性を学び、それを素直に実践したことで、会社が大きく発展していきました。

これは一見会社の発展ばかりが注目されがちですが、実は会社が発展することで、家族や親戚も含めて、みんなが豊かになり（実際にうちの父は親類縁者を会社で雇ったり、ラーメン店を開業させたりしていました）、ご先祖さまが望む子孫繁栄につながっているのです。

また僕自身も、冒頭に書いた通り、これまでの人生で大きなトラブルに巻き込まれることなく、常に何かに護られているような幸せな形で、これまで順調に人生を過ごさせていただいてきましたが、これは確実にご先祖さま、このあとに続く氏神さま、産土神さまのおかげさまだと思っています。

そのようにこの世の中に生きている以上、ご先祖さまがいないという人は、存在しないと思いますので、もし人生で、常に何かトラブルにつきまとわれていたり、何か上手くいかないことが多いなと思ったときは、まずは原点に立ち返って、ご自身のご先祖さまを大切にしていただきたいと思います。

地域の人々の成功や発展を応援する氏神さま

続いて、氏神さまですが、氏神さまは先ほど書いた通り、今住んでいる地域の神社のご祭神です。

今住んでいる地域といっても、どこからどこまでを住んでいる地域といっていいのかわからなかったり、その地域にいくつか神社がある場合もあると思いますので、今住んでいる地域というのはおおよその生活圏だと思ってください（僕は大体家から半径約2キロを生活圏として設定しています）。

その中にある神社で、毎日通っても負担がなくアクセスが良い場所、何となくでいいので、自分の中で相性が合う神社を、氏神さまとしています。

氏神さまというのは、その地域を護るためや発展させるために、過去にその場所に勧請《かんじょう》された神さまです（お稲荷さまであれば、その地域の稲が実るように。スサノオさんであれば、水害がないようになど）。

ということは、今なおその地域に住む人々の仕事や生活が発展すれば、そこには雇用が生まれ、経済が発展し、人が集まってくるなど、その地域自体が活性化することになりますので、氏神さまはそこに住む人、一人一人の生活や成功を応援してくださいます。

「自分の発展・成功＝地域に対する貢献」という意味を深く理解して、ぜひ氏神さまのところに行って、ぜひ力になっていただけるようにお願いをしてみてはと思います。

あなたを一生護る産土神さま

そして最後に産土神さまですが、この神さまは自分が生まれる前から死んだあとまで守護してくださる神さまです。

生まれた土地にも必ずそこには、そこで生まれた意味があります。

たとえ里帰り出産であっても、生まれてすぐに引っ越しをしたとしても、あなたが生まれた地を一度きちんと調べてみて、その地域の神社に行ってみてください。

氏神さまは引っ越しをすることで変わりますが、産土神さまについては、一生変わることがありません。

まるで親のように、あなたが赤ちゃんのときから、今もずっと産土神はあなたを護ってくれています。嬉しいときはともに喜び、悲しいときはともに悲しんでくれている。そのような存在です。

そのことを忘れず、ぜひ一年に一度ぐらいは、産土神社を訪れるようにして、日々の感謝を伝えてほしいと思います。

ちなみに僕の場合、Ｍｙ神さまをスサノオさんと決めて、夢や願いがどんどん現実化していったあとに、自分の産土神さまを知ったのですが、僕の産土神さまは、スサノオさんだったのです。

僕らはつい自分一人で生きていると思ってしまいがちなのですが、そんな僕らでも、常に神さまは温かい愛情で僕らを護ってくれています。

Ｍｙ神さまは一柱に決めないといけないの？

Ｍｙ神さまの話をすると、最も多く聞かれる質問がこの「Ｍｙ神さまは一柱に決めないといけないのですか？」です。

答えは、ＮＯです。Ｍｙ神さまは、一柱に限定する必要はありません。それどころか、大きな成果や結果を残す人ほど、たくさんの神さまをＭｙ神さまとされています。

日本の神さまはそれぞれにご利益が違い、得意分野が違います（その点については、このあとの第4章「最強の神さま88」で、詳しく書いています）。

Ｍｙ神さまチームをつくろう

例えば商売繁盛の神さまと言えば、恵比寿さまやお稲荷さま。勝負運の神さまと言えば、先にも書きましたが、タケミカヅチさまやタケミナカタさま。健康や病気関連にご利益のある神さまは、スクナヒコナさま。芸事に関連するご利益のある神さまは、アメノウズメさまなど。それぞれ皆さま、ご利益が違います。

そして人の夢や願望、志もまた、一つのご利益で収まるものとは限りません。

例えば僕の場合で言えば、人生をともに一生歩んでいくMy神さまは、スサノオさんと決めていますが、同時に今僕が抱いている夢や願望としてあるのが、この作家活動を通して、「一人でも多くの人に日本の神さまという存在の真実を知っていただき、変な宗教や右翼と言われるような現実を変えたい」という思いがあります。

その思いに対して、スサノオさんの他にMy神さまになっていただいているのが、学問の神である菅原道真さまであり、常により良い導きが欲しいという意味で、導きの神であるシオツチノオジさまです。また常に成長、飛躍していきたいという思いで、上昇運にご利益のある龍神さまと、ウサギのように飛躍するという意味で、因幡《いなば》の白兎《しろうさぎ》さま……といったように、勝手ながら、「チームスサノオ」という、My神さまのチームをつくらせていただいています。

また必要に応じて、僕は会社の経営をしているので恵比寿さまを参拝させていただいていますし、そこに亡き父親を始めとした祖先神さま、氏神さまであるお稲荷さま、産土神さま（スサノオさん）、そのすべての神さまを大切にさせていただいています。

夢が叶い、Ｍｙ神さまが変わったときは？

よく「神さまを一緒に祀ったり、お札やお守りを並べると、神さま同士がケンカすると聞いたのですが、本当ですか？」と聞かれますが、そんなことは一切ありません。神さまはそんな器の小さい存在ではありませんし、もし例えそうだとしたら、それは祀るその人の心がそうさせているか、迷いがある場合です。

自分自身の中で求める未来をしっかり描き、その未来に進むために必要なご利益を持つ神さまをご自身で決めて、最強のＭｙ神さまのチームを結成なさってください。

ちなみに、自身の夢や願望を達成し、次に進むべき道や心境が変わったときに、Ｍｙ神さまが変わることもあるかと思います。

そんなときでも、お世話になった神さまへの感謝は忘れず、その神さまが祀られている神社があれば、引き続き参拝やご挨拶に行くなど、大切になさってください。

それが、神さまに対する誠意であり、そういった一つ一つを大切にしていくと、自分のＭｙ神さまチームに、様々なご利益を持つ神さまがどんどん増えていき、何かしようとしたときに、様々なご利益を持つ神さまがご活躍してくださいます。

力の強い神さまにMy神さまになってもらう法

日本には、伝説と言われる神さまがいらっしゃいます。

最高神であり太陽の神アマテラスさまはもちろんのこと、伝説の三貴子の一柱である月の神さま、ツクヨミ（月読）さま。スピリチュアルの立場から説く本もたくさん出ていて、その界隈では有名な瀬織津姫（せおりつひめ）さま。宇宙の始まりの神とされるアメノミナカヌシさまなど。

そういった神さまに、My神さまになっていただくことはできるのでしょうか？

その答えは、「不可能ではない」という答えになります。

世界の繁栄や平和への夢を持つ

ただそのような伝説の神さまは、決して目先の欲や自分のことだけを考えた願い事では、動いてはくださいません。

力の強い神さまになればなるほど、願っていることは、この国や世界の繁栄や平和であり、そのような夢や願い、言うならば「志」を持つ人の力にはなってくださいます。

ただ人間界でも、大企業の社長や伝説的な成果を残してきた人に力になってもらうことが難しいように、そこは自分自身の描く未来と志に対する、純粋さと情熱が試されます。

場合によっては、自分の一生かけても成し遂げられなくても構わない、それでもやりたいんだと思えるぐらいの強い志が固まり、実際に動き始めたとき、伝説の神々さまのところに会いに行かれるのが良いと思います。

日々の生活をMy神さまとともに

ここまで書いてきた、「My神さまの見つけ方」を改めてまとめると、

1 まず自分のやりたいことや求めること、願い、夢を明確にする（その夢や願いが叶ったら、自分や周りがどうなっているのかなど、「何のために」が明確であればあるほど良い）。

※夢や願い、やりたいことが特にない場合は、自身の生まれや生い立ち、背景からヒントを得て、My神さまを見つける。

2 その夢や願い、必要性に応じたご利益を持つ神さまを調べて、その神さまのいらっしゃる神社に参拝に行く（その神さまの持つ物語や背景を知っていると、なお良い）。

3 そこでお参りをしたあとに神札を受けてきて、家に神さまをお連れする。

4 自宅の神棚に神札をお祀りし、お供え物をして、毎日手を合わせて、日々のことや願いの進捗を報告し、感謝をし、My神さまにエネルギーを届ける。

5 **2**や**4**を繰り返し、実際に夢や願いが現実になったら、お礼参りを忘れない。また1年に1回は正式なご祈祷を受ける。

といったように、やること自体はそれほど難しくはないことなのですが、毎日の生活の中に神さまとの時間を組み込むということが、非常に大切なことになってきます。

ともに成長していくパートナー

そうなってくると、まさしくＭｙ神さまというのは自分の日常のパートナーであり、家族のような大切な存在になってまいります。

そして、神さまに対して敬意を抱きながらも、家族のような存在と思ってほしいのです。

これまでも何度か書いている通り、神さまはただ願いを叶えてくれる召使いでも、便利屋さんでもなく、ともに成長していくパートナーとして、神さまとともに人生を歩む。そんな存在として、神さまがあなたを大切にしてくれるように、あなたも神さまを大切にしてください。

第3章

神社ですべきこと、
してはいけないこと

My神さまとのつき合い方

参拝のルールを身につけておこう

これまでの章では、神さまについての疑問を主に答えさせていただいてきましたが、同時に「神社」という場所についても、疑問をお持ちの方はいらっしゃると思います。

この章では、主にその神社についての疑問にお答えします。

神さまともっと良い関係を築くために

神さまのお住まいである神社。その境内は公共の場と思われがちなので、何でもしていい場所と思われがちですが、実際はそんなことはありません。神社を参拝するにも、もちろんそれなりのルールがあります。

逆の立場になって考えてみればわかることですが、神社は一応いつでも入れる、誰でも入れる場所とはいえ、もし自分が神さまであれば、そこで好き勝手振る舞われるのは、決して気分の良いことではないと思います。

その逆に、礼節と敬意を重んじてきちんと神社を参拝してくださると、それは神さまにとって自分を大切にしてくれていることとなり、すごく嬉しいことでもあります。

なぜ参拝をするときに鈴を鳴らすのか？　そもそもなぜお賽銭を入れる必要があるのか？　お守りとは何か？　ご神木とは何か？　など、これまで当たり前だったことで、そもそも疑問を持ったことのないことに焦点を当てて疑問を持ってみると、それを行う意味というものがわかってきます。

すると、神さまに対する参拝の姿勢が変わり、祈りに込められるエネルギーが変わり、結果的に願いの現実化のスピードや起きる出来事の質が変化していきます。

「何となく」行っていたことを極力減らしていけば、見える世界が変わってきます。

「親しき中にも礼儀あり」という言葉があるように、人間でも仲良くなればなるほど、大切な人であればあるほど、お互いのことを尊重して接しようと思うようになります。

神さまにとっての大切な場所である神社についてともに学び、これまで「何となく」やっていたことを、きちんと明確な理由と背景を知って実践し、神さまとより良い関係を築いてまいりましょう。

なぜ神社には鈴があるのか？

神さまに関することで、何かわからないことや迷うことが、もしあったら、そのときは「それが存在している理由」というものに、ぜひ一度興味を持っていただきたいと思います。

穢れを祓い、清らかな自分に戻る

今回の場合で言うなら、鈴。

この鈴を鳴らす行為というのは実は、神社で参拝をすることの本質を表している一つでもあるのです。

どういうことかというと、神さまというのは目には視えない世界にいらっしゃる存在ですので、音や振動で神さまをお呼びすることが一つです。

それと同時に、実は鈴を鳴らす行為には、「祓い」という、もう一つの大切な意味合いがあります。

日本の神さまや神社の世界を理解する上で、「祓いに始まり、祓いに終わる」という、大切な言葉があります。

「祓い」というのはその言葉の通り、祓うこと。何を祓うかと言えば、「穢れ」です。穢れというのは、汚れではなく、神道においては「気枯れ」。気が枯れることです。気が枯れるというのは、元気がない状態。疲れていたり、イライラしていたり、怒っていたり、心配事や不安なことがあったり、欲にまみれていたり、過去にトラウマがあったりなど。心に引っ掛かりがあって、物事をまっすぐに見れない状態を、「気枯れ＝穢れ」と言います。

神道の考え方で言うと、人の本来の目指すべき道は、第1章でも述べた通り、明るく、楽しく、元気に生きること。もっと言うならば、人は本来生まれながらにして、そんな存在であるということを思い出してほしいということです。

そのために、「穢れ（気枯れ）を祓う」。

神社に鈴がある意味というのも、手水舎《ちょうずや》で手や身体を清める意味も、すべてはそこにあるということです。鈴を鳴らし、そのきれいな音に浸って心を清らかな状態に戻し、きれいな水に触れることで、本来の清らかな自分に戻る。

そうして元の笑顔いっぱい、元気いっぱいの自分に戻ることができたなら、どんな願いも叶えられる自分に戻ることができる。

そのために「祓い」という概念があり、そのために神社はあるということを、わかっていてほしいと思います。

やっぱりお賽銭は高いほうがいいの？

そもそもお賽銭とは、なぜ存在しているのでしょうか？
これはお賽銭の歴史をさかのぼっていけば、見えてくるものがあります。

お賽銭の始まり

この日本においての神さまの始まりは、自然現象に対する畏敬の念や農作物、収穫物に対する恵みへの感謝でした。

命を脅かすほどの台風や雷雨、地震や火山活動、そういった大自然の脅威に敬意を払うことで、その活動の安定を願い、また同時に自然の営みによって与えられる、農作物や収穫物に感謝する。

そうしてとれたお米や、野菜、果物、海産物はそのように神さまによって与えられたものだから、その恵みに感謝して、まずは神さまにお捧げする。

実は、これがお賽銭の歴史の始まりだったのです。

そして人の歴史が発展していき、当初は物々交換で始まり、成り立っていた経済も、12世紀半ば頃から貨幣経済が導入され始めていき、お金によって「恵み」を手に入れることができるようになっていきました。

そうして神さまにお捧げするものの中にも、徐々にお賽銭が導入されていき（農作物や収穫物も今も奉納されています）、現代に至るといったのが、簡単なお賽銭の始まりと歴史です。

「いつも幸せです。ありがとうございます」の値段

これは裏を返すと、お賽銭も元を辿れば実は、神さまにお捧げしていた農作物、収穫物と同じであり、ということは、そこにある意味合いというのは、神さまに対する「感謝」であるということです。

ですので、お賽銭というのは決して神さまに願いを叶えてもらうために支払う手数料のようなものではなく、今ある自分自身の生活に対する「感謝」であるということです。

そう思ったときに、神さまに対して、「いつも幸せです。ありがとうございます」という気持ちで、いくらお捧げすることが、適切であるか。

それは、それぞれの心次第です。その心の状態が、そのあとの現実となります。

決して、お賽銭が1万円だから願いが叶うとか、1円だから叶わないといった世界ではないということ、また同時に、こうして始まりや歴史を辿っていけば、視えない世界の神さまに関してわからないことも、少しずつ答えが見えてくるということを、ご理解いただけるかと思います。

参拝は朝一番がいい

神社に参拝に行くなら、僕がおすすめするのは早朝、できるなら人があまりいないときです。

夜の神社には何がいる？

神社に限らず、空間というのは、「空気が明るい」「空気が重い」といった言葉に代表されるように、そこにいる人の空気に左右されるものです。

神社も同じで、やはり時間が経つにつれて、そこに来る人々の願いを始めとした様々な想念が、その場に積み重なっていきます。

できることならやはり、軽やかな気持ちで、さわやかな気持ちで、神さまに願いは届けたほうが良いと思いますので、そういった意味でも、朝一番の空気が澄んでいるときに参拝することをおすすめいたします。

その逆に日が暮れると、神さまは本殿の裏にある鎮守《ちんじゅ》の森にお帰りになられます。

そうなると、そこにいるのは神さまではなく、ときには神さまのふりをした動物霊や低級霊がいたりして悪さをしたり、ひどいときには憑《つ》かれたりすることもあるので、夜の参拝はおすすめしません。

長々願えばいいというものではない

参拝するとき、何度も繰り返し同じ願いを言っているのか、長々と願う人がいます。

「人事を尽くして天命を待つ」のすすめ

「神さま＝自分自身の心」という鏡の法則に当てはめるのであれば、長々と神さまに願う理由は何でしょうか？

もちろんご祈祷やお祭り、儀式において、しっかりと時間をかけて行う必要があることは行うべきと思いますが、こと個人の参拝において、長く願いを言うということは、自分自身の心の中が定まっていないケースが多いように思います。また長々と伝えることは、その願いに対して、ある種の執着を持っているようにも感じます。

人の想念にもやはり軽い、重いといった概念はありますので、どうにも重たい想念は天には届きにくいようです。

願うだけ願ったなら、スパッと気持ちを切り替えて、人事を尽くして天命を待つ。それぐらいの気持ちが良いのではないでしょうか。

どんなことでもそうですが、ずっとそのことばかりを思い続けているときよりも、目の前のことに集中していて願ったこと自体を忘れたときに、スパッと叶うといったほうが多いように思います。

こんなときはおみくじを結んで帰りなさい

「おみくじはやっぱり結んで帰ったほうが良いですか?」もよく聞かれる質問です。

大吉が出たとき、凶が出たとき

思い出してほしいのは、神社というのは、明るく、楽しい自分に戻るための場所であり、そのために神社のすべてがあるということです。

そのように考えた場合、おみくじは一体何のためにあるのかというと、実はおみくじにも、「祓い」の要素があります。

もちろん大吉など良いおみくじが出たときは、そのおみくじは持って帰って、書かれている言葉に従ってまっすぐ進めばいいと思います。

一方、その逆に凶など、意に沿わない結果が出たとします。

そのときは神社にそのおみくじを結んでいくことで、その意に沿わない結果すらも祓ってしまうことができるということです。

祓うことによって、その未来をなしにする。要するに、「待ち人来ず」と書かれていたとしても、結んで祓ってしまうことで、「待ち人来ず」の未来を来なくすることができる、ということです。

境内の中の森や参道が美しいのも、空気がきれいなのも、手水舎の水が清らかなのも、鈴の音が美しいのも、本殿の前の少し張り詰めた空気も、おみくじの優しい言葉も、厳しい言葉も、神社のすべては、本来の元気いっぱいの明るい自分に戻るためのものなのです。

お守りやお札は一年で交換するべきか

お守りやお札は「買う」とは言いません。

お守りはそこに宿っていらっしゃる神さまや、お寺なら仏さまからのご利益を授けていただくものです。ですので、お守りは「買う」ではなく、「受ける」と言います。

またお守りを受ける場所は、「授与所」と呼びます。そのため授与所の巫女《みこ》さんたちも、お守りを渡すときは、「どうぞお納めください」といった言い方になります。

やってほしい年に一度のご挨拶

お守りやお札は一年に一度交換したほうが良いとよく言いますが、それはあくまで通説であり、そこに明確な規定があるわけではありません。

ただ神さまにお世話になっているのですから、やはり一年に一度ぐらいは、きちんとその神社にご挨拶に行き、その度に新しいお札やお守りを受けることが、神さまに対する日々の感謝の気持ちや敬意の表れとなると思って、やるべきではないかと思います。

ただ、例えばお母さんやおばあちゃんが手づくりでつくってくれた合格祈願のお守りなど、そういった特別な思い入れがあるものに関しては、別の話です。

物にはそれを持つ人の気持ちや魂が入りますので、「大切にしたい」という、特別な思いがそこに入るものに関しては、大切に、大切に、一生そばに置いておくのが良いかと思います。

ご神木には触ってはいけない

ご神木が大好きなので、触ってパワーをもらっているという話を聞いたことがあります。

しかし、「ご神木からパワーをもらう」という考え方が、そもそもパワーは他から得るものという考え方になってしまうので、あまりおすすめはしません。

神社に来ればエネルギーは与えられる

本来の人間という存在は、自分でエネルギーやパワーを自己発電することができる存在であるということが、まず一つです。

そしてもう一つは、ご神木といっても、やはり木である以上、根があり、幹があります。

たくさんの人がエネルギーをもらおうと触ったり、抱きついたりすると、もちろんエネルギーが吸い取られてしまう上に、その多くの人の手の脂がつくことで樹皮が剥がれたり、幹が弱ったり、また見えないところでも、根があるところの土が踏み固められることで、根が弱り、結果的にご神木が弱ってしまうこともあります。

そういった一つ一つから考えても、やはり「エネルギーをもらおう」という発想は、あまり良い発想ではないということが、おわかりいただけるかと思います。

神社においては、「パワースポット」と呼ばれるだけあって、「力のある場所」です。すなわち、ご神木だけに限らず、その場全体が特別なエネルギーのある場所なので、そこに行くということだけで、十分に必要なエネルギーは与えられます。そのことに感謝して、ご神木にも触れず、そっと手を合わせることが良いかと思います。

大きい神社のほうが願いは叶うのか

神社の規模の大小にも、もちろん理由があります。

大きな神社で言えば、東京ドーム何個分にもなるような敷地を誇る、伊勢神宮内宮・伊勢神宮外宮、明治神宮、京都府の伏見稲荷大社、奈良県の大神《おおみわ》神社などもありますし、その逆に、お社だけの神社や家の敷地内にお社が置いてある小さなところも、神社といえば神社です。

ただ、その意味合いは大きく違います。

神社の規模とその意味合いを知ろう

例えばときおり見られる家の敷地内や会社の敷地内にあるお社などは、ほとんどの場合、その家や会社を護るためや発展するためにつくられた神社です。

各地域や町にある神社などは、その地域一帯を護るためにつくられた神社です。

そして全国各地にある「一の宮」と呼ばれる神社は、平安時代から鎌倉時代にかけて、当時の諸国と由緒が深く、またその規模によって序列が決められた神社です。

といったように、一概に「神社」といっても、それぞれつくられた意味合いが違うので、そうなると自ずとご利益も変わってきます。

先に述べたような個人の敷地内にあるお社でしたら、個人的な願いを叶えてくれると思いますが、地域の神社になると、その願いがその地域の発展にどう貢献するかということが大切になってきます。

それは例えば、自身がその地域で会社を経営したりしていて、その会社が発展することでその地域の雇用が生まれたり、経済が発展したりなど、そういう意味合いです。

またそれが一の宮になると、その願いが都道府県単位に影響を及ぼすほどの願いでないと、その神社の神さまは動いてくださいませんし、伊勢神宮を始めとした全国に名をとどろかせるほどの神社であれば、その願いが国の発展につながることでなければダメです。

これは人間社会とよく似ていますが、力のある人や実績のある人、全国に名が通っているような人に力を貸してもらうには、自分自身の努力やその先にある夢や目標、志というのが、厳しく見られます。要するに、「何のために」というのが明確でないと、力の大きな人は動いてくれません。

そんな人たちを動かすほどの夢や志があるのか。

大きな神社になればなるほど、そこが重要視されます。決して、大きくて有名なパワースポットだから、どんな願いも叶えてくれるといったことではありません。

大きな神社の神さまが応援してくれる裏ワザ

ただ一つ、力の強い神さまが応援してくださる方法があります。

それは、その力の強い神さまだけではなく、地域の神社の神さまや小さなお社の神さまも、大切にすることです。

神さまの世界にもネットワークがあり、会社で例えたら、大きな神社というのは、その会社の本社のようなものです。そしてそこにいらっしゃる神さまは、本社の社長です。もちろん飛び込み営業で急に行っても、会ってくれるわけもありません。

しかし、各地域の神社や小さなお社の神さまを大切にしてくれると、力の強い神さまにとっては自分の大切な子どもたちを大切にしてくれているのと同じで、すごく嬉しいことなのです。

そしてまた、その地域の神さまたちもそのことを大きな力を持つ神さまに報告してくださいます。

なので、まずはいきなり大きな神社から行くのではなく、自分の住んでいる地域や生まれ育った土地の神社の神さまを大切になさってください。

そこから少しずつ神さまと二人三脚で歩んでいき、段階を踏んでいくと、必ず大きな神社の力を持つ神さまが応援してくれるようになります。

あちこち違う神社に同じ神さまがいる理由

どうして違う神社に、同じ神さまがいるのでしょう。本物とか偽物とかがあるのでしょうか？　このことも日本の神さまの仕組みを知ることでご理解いただけると思います。

分霊をお招きする儀式

神さまというのは、目には視えない世界のエネルギー体です。燃え盛る火の玉をイメージしてほしいと思います（その火の大きさは、人からの感謝の量によって増減します）。

神社に神さまをお呼びするのは、「勧請」といって、ご利益や必要性に応じて、その神さまの分霊をその神社にお招きする儀式を行います。

それは例えるなら、神さまという名の燃え盛る火の玉から、全国各地の神社という名のロウソクに、その火の玉の火を移していく儀式です。こうして全国各地に同じ神さまをお祀りする神社ができていくわけです。

このようにイメージしていただけたらよくわかると思いますが、ではこうして移された火は偽物でしょうか？　そんなことはありません。すべて本物です。

ただ火がつけられたロウソクの違いや、ついた火を管理するのは人間なので、それによって同じ神さまを祀っているといっても、少しの雰囲気の違いが生じることはあります。

また誰もその火を管理しなくなって、存在を忘れてしまったようになり、そこに感謝という名のエネルギーがなくなってしまったとき、悲しいことですが、その神さまは消滅してしまいます。

願いが叶ったらお礼参りをしよう

お礼参りは絶対にしたほうが良いです。むしろ、しないとダメです。

「ありがとう」を言わないと……

ここまで何度も述べてきたように、神さまは人の願いを叶え、それによって成長し、また、幸せになり、感謝されることで、その感謝のエネルギーを持ってより強い力を持つ神さまへと進化していきます。

しかし、人の夢を叶えたのに、感謝されないと、せっかくやったことがすべて無駄足になってしまうのです。

そのとき神さまは、もちろん罰を与えるようなことはしませんが、すごく悲しい気持ちになります。と同時に、そのときのあなたの心の状態も、決して良いものではないので、せっかく願いが叶ったのに、そのあとにあまり良くないことが起きるようになっていきます。

人に何かしてもらって、「ありがとう」と言うことが当たり前なように、神さまにもきちんと「ありがとう」を伝えましょう。

それが、神さまの力になりますから。

人間が神さまのためにできるもう一つのこと

先に述べたように、その人自身が、明るく、楽しく、元気よく生きることや、神さまの代わりとなって人を喜ばせることが、神さまが最も喜ぶことですが、その他にもう一つ神さまが喜ぶことがあります。

神社をよみがえらせるお手伝い

それは、消滅しつつある神社を復興させることです。

今日本には、全国に約8万社の神社があると言われています。しかし、そのほとんどが管理する人がいなくなって、存続の危機に陥っているのです。

一人の宮司さんが何社も兼務していることはもちろんのこと、神社を支える氏子さんたちも時代の流れとともに少なくなっており、そのため神社の設備も古くなっていき、修復するお金もない。

今そのような神社が多くなっています。そうなって誰もその神社のことを忘れ去ってしまうと、先に書いたように、そこにいるはずの神さまも消滅してしまいます。

少し、うちの父親の話をさせていただきますが、生前、うちの父と母が旅行で福井県の常神《つねがみ》半島を訪れたとき、ふとある神社に立ち寄ったそうです。

その神社は名前の記載もなく、どなたがご祭神なのかも書いておらず、社殿にもクモの巣が張って、境内も雑草や落ち葉で荒れ果てていました。

そこで、そのとき父と母はその神社を清掃し始めたのです。

何を思ったのか、父が「これはまた掃除しに来なあかんなぁ」とつぶやいたそうで、そこから毎年、父と母は清掃に行くようになりました。その神社の設備を修繕したり、お金を寄付したりしていくうちに、地元の方々も両親を手厚くもてなしてくださるようになり、次第にその神社にも多くの人が訪れるようになっていきました。

すると、それに歩調を合わせるかのように、父の経営する会社の業績も格段に上がっていきました。

父の死後もそのご縁はつながっていて、地元の方たちは父の功績を、その神社の境内に石碑として遺してくださっています。

こうして神さまのエネルギーが復活！

そのように、一度消えかかった神さまの火をもう一度復活させることもできないことはないのです。

その一番わかりやすい方法が、清掃です。

これはお金のかかることではなく、いつでも、誰でも、やろうと思えばできることです（もし気になるようであれば、その神社を管理する人に電話で確認をすれば良いかと思います）。そしてその清掃の継続の中で、その神社に関わる人とご縁ができたなら、そこからまたできることを積み重ねていく。

そうして火がついていくと、再び神さまのエネルギーは復活し、そのきっかけとなった人に多大なる力を授けてくださいます。

こうして存続の危機にある神社がたくさんある今だからこそ、神さまにしてもらうばかりではなく、僕たち人間が神さまに何ができるかを、考える必要があるのかもしれませんね。

人がその命をつないでいくことが一番

前項の神さまが喜ぶことと対の話になりますが、神さまが最も悲しむことは何ですか？　まず心が穢れるようなことは神さまは悲しい思いで見ていますし、人を傷つけるようなことや悲しませるようなことをすると、ものすごく心を痛めています。

ただそれと同じように、場合によってはそれ以上に、悲しむことがあります。

それは、実は「命のつながりを断つこと」です。

神さまの消滅を防げ

神道における最高の観念は、「産霊（むすひ）＝生命を産み育むこと」ということは68ページに書きましたが、それは僕ら人間も同じで、本来僕ら人間もまた自然の営みの一部です。

また僕らが今日ここに生きているということは、今日まで何百年、何千年という時間の中で、生命をつないでくれたご先祖さまがいてくれたから、今の命があります。

その命をつないで、より良い世界を後世につくっていくこと。それが、「産霊」ということです。

しかし残念ながら、それを自分の代で終わらせてしまうこと。

それは、何百年、何千年と続いてきた、生命の連鎖を終わらせることであり、これまでつないできた絆を断ち切ることなのです。

それが続いてしまうと、この世界からは生命をつないでいく人がいなくなってしまう。

それは、最高の観念であるはずの「産霊」の終わりを意味することでもあるのです。

神さまは、それが最も悲しい。

なぜなら人がいなくなるということは、神さまに感謝をする人間もいなくなるということであり、それはひいては神さまの消滅にもつながります。

神さまが最も悲しんでいること

もちろん身体的な理由により、子どもが欲しくてもなかなか授かれない方がいるので（僕もかってそうでした）、すごく繊細な話ではあるのは承知しているのですが、昔の日本では男の子が生まれないと、その家はやがてお家断絶としてすべてを没収され、それを防ぐために男の子の養子を迎え入れていたなど、それほどまでに、生命をつないでいくことを重視していたのです。

生命をつなぐこと（子どもが増えること）は国を豊かにすることであり、本来国が総力をあげて取り組まないといけないことなのですが、この少子化が加速する日本の現状は、神さまが最も悲しんでいる事態だと思います。

次章では、これまで書いてきた神さまの知識や歴史的背景、Ｍｙ神さまの見つけ方、Ｍｙ神さまとのつき合い方を踏まえて、僕が思う「最強の神さま88柱」をご紹介させていただきます。

ぜひこの本を通して、皆さまとＭｙ神さまの素敵な出会いがあることを、願ってやみません。

第4章

仕事・お金・恋愛・人間関係・健康・人生

最強の神さま88

【最強の神さま88　索引】

人生を変える神さま 1

人生を変えたい

【1】

スサノオ（須佐之男命）

人の運命を変える神スサノオさんは、天上界の高天原でやりたい放題をした挙句、追放された地上界で怪物ヤマタノオロチを倒し、英雄になりました。そこからわかるように「人生を変えたい！」「今の自分を変えたい！」と思う人に、最大のエネルギーを授けてくださいます。

荒くれ者のイメージがありますが、実は常に誰かを思い、周囲を思って生きてきた、強さと優しさに溢れた、バランスのいい万能の神さまです。

嵐を司る大海原の神さまゆえに、人生が変わるときは、嵐に出会ったような激動が待っていることもありますが、その激動の先には、必ず大きな変化と穏やかな人生が待っています。

祀られている主な神社

- 大宮氷川神社（埼玉県さいたま市）
- 素戔雄神社（東京都荒川区）

【2】

ニギハヤヒ（饒速日命）

人生を一からやり直したい

ニギハヤヒさまという、この神さまの本名は「天照国照彦天火明櫛玉饒速日尊（あまてるくにてるひこあまのほのあかりくしたまにぎはやひのみこと）」。

その正体は「速日＝早い日（火）」という文字からわかる通り、「隕石の神」と言われています。地球がかつて6000度以上の高温の星だったはるか古代に、隕石が幾度も衝突し、そこに含まれていた水分が、今の地球の生命の基礎をつくり上げました。

そこからわかるように、このニギハヤヒさまは、「すべての始まりを告げる神」であり、一度すべてを崩して、何か新しい物事を立ち上げるとき、やり直したい出来事があるときに絶大な力を貸してくださいます。

祀られている主な神社

- 磐船神社（大阪府交野市）
- 星田妙見宮（大阪府交野市）

【3】アメノオハバリ

（天之尾羽張）

生きていると、忘れてしまいたいような過去や、悪縁や災難に悩まされることがあります。そんなときにバッサリと断ち切ってくれるのが、この「剣神」アメノオハバリさま。別名「トツカノツルギ」。神話の中で、イザナミさまとイザナギさまという夫婦の神さまが、日本の国土を産んだ「国産み」の際に、イザナミさまが最後に火の神さまを産んだことによって命を落とし、それを嘆き悲しんだイザナギさまが腰につけていた剣を抜き、その火の神さまを斬り裂きました。そこから飛び散った血を元にまた新たな神々が生まれたのですが、このイザナギさまが腰につけていた剣こそ、アメノオハバリさまです。またその後、天の神さまと地の神さまが争った、「国譲り」の争いの際にタケミカヅチさまとともに、地上界に降り立ち、国譲りを成功させた神さまであります。

剣は古来武力の象徴であると同時に、魔を寄せ付けないお守りの意味もあることから、災難や厄が降りかからないように、また、過去を断ち切りたいときに手放す勇気を授けてくださいます。

祀られている主な神社

- 葛城天剣神社（奈良県御所市）
- 斐伊神社（島根県雲南市）

【4】

一言主（ヒトコトヌシ）

忙しい現代人。早く願いを叶えたいときは、一言主さまにお願いしましょう。

その昔、雄略天皇さまが葛城山で狩りを行ったとき、天皇と同じ姿をした一行が現れたため問うと、「吾は悪事も一言、善事も一言、言離（ことさか）の神、葛城の一言主の大神なり」と名乗ったそうです。

一言主というくらいですから、お願いのポイントは、一言で自分の願いを伝えられるように自分の中で本当の願いを整理し、まとめておくことです。他の神さまのときもそうですが、神さまは自分の鏡の存在です。あれもこれもと自分の気持ちが定まらないままだと、その迷った状態が現実へ映し出されてしまいます。願いを叶えたい人こそ、願いを明確にお伝えください。

また一度発した言葉（願い）は、取り消しがききませんので、その点は注意が必要です。

祀られている主な神社

- 葛城一言主神社（奈良県御所市）
- 土佐神社（高知県高知市）

【5】

タケミナカタ（建御名方神）

天上界と地上界の争いの際に、天上界最強の武神タケミカヅチさまに、最後まで抵抗したのが、この「地上界最強の武神」である、タケミナカタさま。

結果は、タケミカヅチさまが勝ったものの、その強さに偽りはなく、今は現在の長野県諏訪地方を中心に、人々を護る力としてその強さを使ってくださっています。その証拠に、タケミナカタさまを祀る神社は全国に数多くあります。

それは、それだけ多くの人がタケミナカタさまの力をお借りして人生を変え、安心して暮らしてこられた、これまでの感謝と神さまとしての力の強さの証なのです。

また武神でありながら、ご自身もタケミカヅチさまに敗北した悔しさと、そこから再起してきた苦労を知っているため、敗れた悔しさを糧に「絶対にあいつには勝ってやる!」というリベンジや再起に燃える人に、強烈な力を貸してくださいます。

祀られている主な神社

- 諏訪大社（長野県諏訪市・茅野市・諏訪郡下諏訪町）
- 全国の諏訪神社

【6】

オモイカネ（思兼神）

アマテラスさまがスサノオさんの狼藉を嘆き悲しんで、岩戸にこもってしまい、そのアマテラスさまを何とか救い出そうと、八百万の神さまたちが知恵を出し合った、「天岩戸開き」の伝説の中で、祭りを行ってアマテラスさまを救い出そうという知恵を出して、重大な場面を乗り越えてきた、思慮深い神さまです。

本名は「八意思兼神（やごころおもいのかねのかみ）」。八意とは、多くの知恵を意味し、多くの人の知恵と思慮を兼ね備えた知恵の神さまという意。

アマテラスさまのお孫さまであられるニニギさまが、地上界へと降り立つ「天孫降臨」の際に同行したことからもわかるように、知識や知恵を使い、多くの重要な場面で決定権を持ち、動かしてきた神さまとも言えます。

知識や知恵を得て大きく成長したい方、資格取得や受験を控えている方、賢くみんなを引っ張る頼れるリーダーを目指している方は、オモイカネさまに会いに行ってみてください。

祀られている主な神社

- 天安河原（宮崎県西臼杵郡高千穂町）
- 秩父神社（埼玉県秩父市）

【7】龍神

少し前に、日本全国にブームを起こした龍神さま。その正体は、目には視えないこの世のエネルギーを象徴した存在であり、それがゆえに人についてその魂の成長に応じて、姿を変える存在でもあります。小さな夢には小さな龍が、大きな志を掲げれば大きなエネルギーを持つ龍が私たちの力になってくださいます。大きい龍だから偉いというわけではなく、その人の志次第で柔軟に変化できる存在なのです。

伝説の龍の名前をあげると、箱根や戸隠に鎮座する9つの頭を持つ九頭龍大神さまや、江ノ島に鎮座する五頭龍大神さまなどがいらっしゃいますが、それらの龍神さまは、歴史に名を刻むほどの大きな志を掲げているときに、初めてその力を貸してくださいます。

人の成長とともにエネルギーを増幅させるので龍神さまとともに、人としてどのように成長したいか志が決まったら、大きな力を授けてくださいます。

祀られている主な神社

- 箱根神社（神奈川県足柄下郡箱根町）
- 龍穴神社（奈良県宇陀市）

【8】
アメノワカヒコ（天稚彦）

オオクニヌシさまが地上界を治めて暮らしていた頃、その国を譲ってもらおうと、アマテラスさまが高天原から使者を送ります。最初に送り込まれたアメノオシホミミさまは地上界に恐れをなして断念し、次に送り込まれたアメノホヒさまも寝返って帰ってこなかったため、3番目に送り込まれたのがアメノワカヒコさま。

しかし、交渉しに行ったはずの地上界で、オオクニヌシさまの娘シタテルヒメさまに一目惚れをし、結婚。

高天原を裏切ったアメノワカヒコさまは、次第に自分がオオクニヌシさまに代わり、この地上界を治めようともくろみます。後にその野望がバレて、殺されてしまいます。「野望で身を滅ぼした男」ですが、「使命より愛を選んだ男」として平安時代にはいろんな物語が書かれたそうです。

神さまが味わったネガティブな経験は、ポジティブな意味でかえってご利益となるので、成り上がりたいと、強い上昇志向を持つ方は、ぜひアメノワカヒコさまにお願いしてみてください。

祀られている主な神社

- 高鴨神社（奈良県御所市）
- 天稚彦神社（滋賀県犬上郡豊郷町）

【9】

アメノトリフネ（天鳥船神）

イザナミさまとイザナギさまの、国産みの際に産まれた神々のうちの一柱であるアメノトリフネさま。実は、国譲りの争いのときに大活躍した神さまでもあります。

オオクニヌシさまが繁栄させた地上界を、アマテラスさまが天の神々が治めるべきと遣いを送るも3度失敗。4度目の正直と送り出したのが、天上界最強の武神タケミカヅチさま。そのタケミカヅチさまを乗せたのが、この船の神・アメノトリフネさまで、自由に空を駆け巡る水陸空の交通を司る神さまです。

タケミカヅチさまが、オオクニヌシさまに国を譲るよう迫ると、息子のコトシロヌシに聞いてくれと言ったため、アメノトリフネさまは、タケミカヅチさまを乗せて、即座に飛び立ち、岬で釣りをしていたコトシロヌシさまのもとへと、一瞬で移動します。

アメノトリフネさまは、フットワークが軽く飛び回ることで活躍した神さまですので、自由に駆け回り、世界で活躍していきたい人の強い味方となってくださいます。

祀られている主な神社

- 神崎神社（千葉県香取郡神崎町）
- 磐船神社（大阪府交野市）

【10】

イシコリドメ（伊斯許理度売命）

三種の神器「八咫鏡（やたのかがみ）」をつくった神さまです。

天岩戸開き神話の中でも、アマテラスさまを映し出し、岩戸から誘《おび》き出す重要な役割をしたこの八咫鏡。他の神社でも鏡は、神さまの降り立つ依代・ご神体として特別な役割をしています。鏡は自分自身を映し出すものです。

つい見栄をはって嘘をついてしまう人、それは自分に自信が持てない現れだと、自分が一番わかっているはずです。必要以上に自分を良く見せようとしていては、疲れてしまいますし、何より自分に嫌気がさしてしまいますよね。

それをこのイシコリドメさまは、ありのままの自分でいいんだよ、あなたは、すでに素晴らしく、美しく光り輝く存在だということを、鏡を通じて教えてくださる神さまなのです。

祀られている主な神社

- 鞴神社（大阪府大阪市天王寺区）
- 鏡作神社（奈良県磯城郡田原本町）

【11】
八咫烏（ヤタガラス）

やりたいことがわからない。そんなときは、八咫烏さまに導いてもらいましょう。

日本を統一するために、最高神の一柱、タカミムスヒさまの指示で、初代神武天皇が熊野国から大和国へ向かう際に、道案内をしたとされる八咫烏さまは、神武東征の立役者です。神話を知らない方でも、サッカー日本代表のエンブレムとして目にしたことがある人も多いのではないでしょうか。

八咫烏さまの八咫とは、大きく広いという意味で、太陽の化身であると考えられてきました。三本足が特徴的な姿をしていますが、これはそれぞれ天・地・人を表し、太陽のもとに、神さまと自然と人間が血を分け合ったきょうだいとして存在していることを示してくださっています。つまり、八咫烏さまは広い視野で大きな夢を持って、神と自然とともにある存在ならば叶えられるんだよと、優しく導いてくださる存在なのです。

祀られている主な神社
- 熊野本宮大社（和歌山県田辺市）
- 八咫烏神社（奈良県宇陀市）

ぶれない心が欲しい

【12】

不動明王

様々な情報が溢れる時代。あっちこっちに自分の考えがぶれる、そんな自分がいやだ。何を信じたらいいのかわからない。そんなあなたは、不動明王さまに会いに行ってみてください。

不動明王さまは、大日如来の化身とも言われ、あらゆる障害を焼き尽くす火炎をバックに、右手には迷いを断ち切る剣を持ち、左手には物事を正しいほうへ導くための縄を持っておられます。鬼のような怒った表情をしていますが、それは私たちが抱えている苦しみや欲望、欲求、迷いの煩悩を断ち切り、力づくで救済しようとするお姿なのです。

不動明王さまは、迷いぶれる心をバッサリと切り捨て、芯の通ったまっすぐなあなたになるのを手伝ってくださいます。

祀られている主な神社仏閣

- 大本山成田山新勝寺（千葉県成田市）
- 中野不動尊（福島県福島市）

【13】

猿田彦（サルタヒコ）

人生を変える神さま 13

自分の天命が知りたい

アマテラスさまのお孫さまであられるニニギさまが、天上界から地上界に降臨する際に、一行を道案内するために出向き、地上界への先導役を果たしたのが、この猿田彦さま。

見えない雲間をかき分け、サーチライトのように道を照らし、難局を打開することから、「みちひらきの神」ともいわれる神さま。後に、天孫降臨のときに出会った、アメノウズメさまと結婚をします。

自分の人生が何のためにあるのか、使命にどんなことを持ってきているのか、そんなことを意識するようになったときは、猿田彦さまに相談してみましょう。もやもやしていた道にパッと一筋の光を照らしてくれたり、使命・天命につながるご縁をつないでくださいます。あとは、神さまと自分を信じて突き進むことです。

祀られている主な神社

- 猿田彦神社（三重県伊勢市）
- 椿大神社（三重県鈴鹿市）

【14】
住吉三神
（底筒男命・中筒男命・表筒男命）

住吉三神さまとは、底筒男命（そこつつのおのみこと）・中筒男命（なかつつのおのみこと）・表筒男命（うわつつのおのみこと）の三柱の総称。

イザナギさまが、かつて自身についた穢れを洗い清める「禊」を行ったときに生まれました。

元々は、航海の安全を見守る海の神さまです。

何かを始め軌道に乗せたいとき、海を航海するように運気の流れに乗って活躍していきたい人が参拝されるといい神さまです。

祀られている主な神社

- 住吉大社（大阪府大阪市住吉区）
- 全国の住吉神社

【15】

恵比寿

釣竿を手に鯛を抱えた、福徳円満の姿が印象的な七福神の一柱。

常に笑顔を絶やさない笑顔の神さま「福の神」として、江戸時代では商いをする多くの人々に親しまれてきました。

自営業をする方、経営を安定させたい方、商売繁盛を願う方に、良いご縁をつないでくださることが多い神さまです。恵比寿さまに参拝されたあとは、周囲の人のアドバイスや見聞きする物事の中に商売繁盛のヒントが多く隠されているので、普段より注意を払ってみてください。

祀られている主な神社

- 大前恵比寿神社（栃木県真岡市）
- 美保神社（島根県松江市）

【16】

稲荷神

全国の稲荷神社には、この稲荷神として、ウカノミタマさまが多く祀られています。稲から収穫する米は豊かさの象徴で、「稲成り＝稲荷」、稲の神・食べ物の神として、広く信仰されていたのですが、時代の変化とともに、「お金の神」へと変化しました。よくキツネの神さまと間違われますが、キツネは稲荷神の眷属《けんぞく》（神さまの遣い）で神さまのお手伝いをする役割をしています。

稲荷神社は、確認されているだけでも全国約4万社。個人で所有している稲荷社も含めると、日本で一番多いとされている神社です。全国にこれだけ社があるということは、それだけ神さまネットワークが濃密で、情報がまわるのが早いということ。

つまり、ご縁がつながり結果が出るのが一番早い神さまなのです。経営者や商売人の方の多くが、この稲荷神さまを信奉されているのが多いということが、そのご利益の強さを証明していますね。

祀られている主な神社

- 伏見稲荷大社（京都府京都市伏見区）
- 全国の稲荷神社

【17】
金毘羅神

仏教が取り入れられた日本独特の山岳信仰である修験道と、古神道が融合した神仏習合の神さま、それが金毘羅神さまです。

本拠地は四国の香川県にある、琴平山から始まる信仰でした。それが全国に広がったきっかけは、航海の神、船の神として、多くの豊かさを与えてくれるとのことで多く祀られたことだったからだそうです。

なぜ山の信仰から始まったのに、航海安全を祈願する神さまとして伝わったのかというと、琴平山は船を出すかどうかの判断をする際に、天気を予測するために使われていた山だったゆえ、そこに鎮座する神さまに祈願をしたそうです。

江戸時代からは、金毘羅参りができない人が奉納品を詰めた「流し樽」を海に流して、見つけた人に代理参拝してもらうことも盛んに行われました。豊かな海の幸をもたらしてくれる＝多くの資産を与えてくれることや、「金」の文字から、お金持ちになりたい方は金毘羅神さまにご挨拶するといいと思います。

祀られている主な神社仏閣
- 金刀比羅宮（香川県仲多度郡琴平町）
- 全国の金毘羅神社

【18】
金山彦神

イザナミさまが火の神カグツチを産んだ際に生まれた鉱山の神さま。鉱山でとれた鉱石や砂鉄を剣、鏡、刀、矛、鍬《くわ》など鍛える鍛鉄はもちろんのこと、すべての金属に関する技巧を守護する神さま。

また先ほどの金毘羅神さまと同様の「金」の文字に、さらに「山」がつくことで、「お金の山」を築くご利益があると言われています。

祀られている主な神社

- 南宮大社（岐阜県不破郡垂井町）
- 金華山黄金山神社（宮城県石巻市）

【19】オオワダツミ

(大綿津見神)

オオワダツミさまは、海の神さまです。

昔から海に囲まれていた日本にとって、海はたくさんの恵みを運んできてくれる偉大な存在です。海上の交通を見守るオオワダツミさまは、大漁祈願を願う漁師はもとより、水を司ることから農業・狩猟をする人たちからも、恵みや富をたくさんもたらしてくれる神さまとして、広く崇拝されました。

また古事記の物語の中で、山幸彦という神さまが、兄の釣り針を探して海の世界にやってきたときに、浦島太郎に出てくる竜宮城のように豪華な料理や美女たちで贅沢にもてなしたと言います。

もちろんそれ相応の魅力がないと相手にもしてくれませんが、華やかな生活に憧れる方は、オオワダツミさまにお願いしてみると良きご縁を運んできてくださるかもしれません。

祀られている主な神社

- 志賀海神社（福岡県福岡市）
- 全国の綿津見神社・海神社

【20】

大黒天

インドの神さまであるシヴァ神の化身として知られる大黒天さま。この大黒天さまと、日本の神さまであるオオクニヌシさまが合体して、有名な七福神の一柱としての「大黒天」、つまり「大黒さま」が生まれました。

2つの国の神さまが一緒になったことで、ご利益の威力も増し、もとは戦いの神、農業神として祀られていたのが、今では財運はもとより、開運や出世、縁結びにも効果がある神さまとして親しまれています。

大黒さまがかついでいる大きな袋の中には、七宝と呼ばれる寿命、清麗、人望、愛嬌、威光、大量という精神的な宝物が入っているとされています（七宝とあるのに、なぜ伝承には6つしかないのかは不明）。

そこから物だけではなく、精神的にもご利益をいただけるということなのです。

祀られている主な神社

- 神田明神（東京都千代田区）
- 大前神社（栃木県真岡市）

【21】

豊受姫（トヨウケヒメ）

アマテラスさまが、「自分一人では食事が安らかにできない」とお呼びになられたのが、食の神であり、農耕の神、衣食住の神である豊受姫さまです。

昔、穀物はお金の役割をしていました。それを多く持っていることが生活の豊かさに直結していた時代です。豊受姫さまが教えてくれる豊かさとは、そういったお金の豊かさもそうですが、食事をともにする仲間や家族との時間、今を生きる心の豊かさに気づかせてくれる神さまなのです。

豊かさを受け取ると書いてわかる通り、お金や精神的な部分も通して、「豊かさ」として受け取る準備ができたときこそ、豊受姫さまのご利益を最大限に受け取ることができます。お金だけを追い求めて、そこに精神的な豊かさがないと、豊受姫さまは決して相手にしてくださいません。

祀られている主な神社

- 伊勢神宮 外宮（三重県伊勢市）
- 芝大神宮（東京都港区）

【22】

タカクラジ（高倉下命）

タカクラジさまが神話で登場するのは、神武天皇が熊野の地で敵の毒気により気絶して、窮地に陥ったときです。軍勢もろとも瀕死の危機に陥ったとき、突如として現れたタカクラジさまが神剣を神武天皇に授けると意識を取り戻し、気絶する前よりも強力な力を得て、敵陣を無事討伐。そのときの功績から、後にタカクラジさまは、越国（こしのくに。福井県敦賀市から山形県庄内地方）を任され、その地の開拓に従事したそうです。

漢字で高倉下命と書くことからわかるように、元々は穀物や商品、家財などを保管する専用の建物を守護する神さまです。当時は、穀物がお金の役割をしていたのでそこを護るということは、財産を護り、次の繁栄のための蓄えを管理していたということ。

また「タカクラジ＝宝くじ」という音の類似から、宝くじが当たるご利益があるとされていて、一攫千金を狙って、宝くじが当たるようにお願いしてみるのもいいかもしれません。

祀られている主な神社

- 彌彦神社（新潟県西蒲原郡弥彦村）
- 高倉神社（三重県伊賀市）

【23】

蛇神

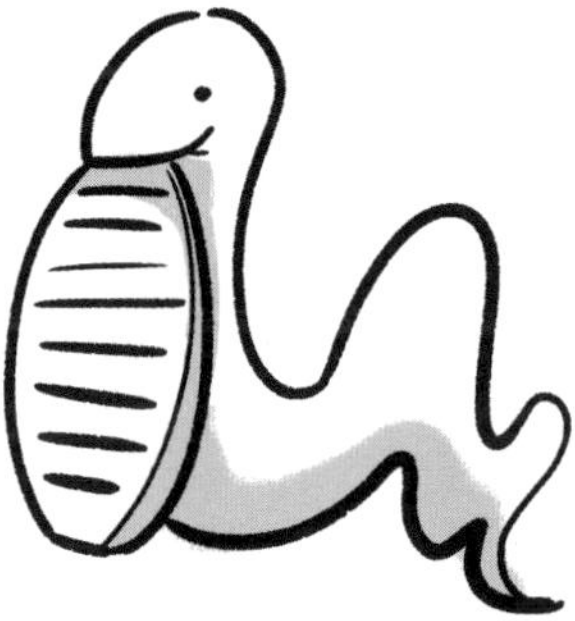

十二支に出てくる「巳《み》」は、胎児の形からきており、生まれる、未来、子孫繁栄、家族が平和になるといった意味があります。蛇自体、何度も脱皮を繰り返し成長していくことから、再生や無限の意味で無限の知恵や金運を生み出すと、古くから考えられてきました。

蛇は、日本のみならず世界各地の複数の文明で信仰の対象とされています。古代インドにおいて蛇は、川の神・弁財天の遣いとされ、中でも白蛇は弁財天の化身とさえ言われています。インド古来の蛇・龍信仰と相まって、今日私たちが一度は耳にしたことのある、「蛇神さまは、金運を上げてくれる」とつながっていきました。

実際に、「蛇神さまが夢に出てきたので宝くじを買ったら大金が当選した！」など、不思議な体験をされている方もいるそうです。

祀られている主な神社

- 白蛇弁財天（栃木県真岡市）
- 蛇窪神社（東京都品川区）

【24】
狐神

先ほど稲荷神さまの眷属として、キツネがいると書きましたが（172ページ）、実はこのキツネも神さま……というより、神さまの見習いです。本文で書いてきた通り、人の願いを叶えることで、感謝のエネルギーを集めて、正式な神さまへと進化をしていきます。

そのためお願いをすると動いてくれやすく、すぐ願い事も叶えてくれますが、願い方を間違えると、例えば「臨時収入が欲しい」とだけ願うと、事故で大ケガをしたけど、保険金が入ったといったように、ある意味強引な叶え方をしてしまいます。

また、まだ神さまとして未熟な部分もありますので、失礼な対応をしたり、願いが叶ったのに感謝をしたりしないと、怒って祟《たた》りを引き起こしたりするときもあるので、注意が必要です（これが誤った形で広まった上に、稲荷神と稲荷神社に習合されていたため、お稲荷さまは怖いと言われるようになったのです）。

祀られている主な神社

■ 全国の稲荷神社

【25】

オオクニヌシ（大国主神）

出雲大社のご祭神であり、「縁結びの神」として有名なオオクニヌシさま。かつてこの国をつくった「日本史上初の王」でもあります。天上界と地上界の「国譲り」の争いが起きたとき、国を護っていたオオクニヌシさまは、譲ることを承諾。自身はアマテラスさまの指示により、「見えない世界＝縁」を司る、幽冥界の神として人々を見守ることとなりました。

縁とは、恋愛に限らず、仕事や家庭、住む環境など生きることすべてにその人とつながる縁があり、縁に恵まれることで、私たちは幸せな人生を築き上げています。オオクニヌシさまは、全国各地、様々な土地・人々と縁を築く中で国を治めたこともあり、良い出会い、良い縁を授けてくださる神さまです。

祀られている主な神社

- 出雲大社（島根県出雲市）
- 全国の大国主神社

【26】

アメノウズメ（天鈿女命）

「芸能の神」でもある、アメノウズメさま。天岩戸開きの際に、岩戸にこもったアマテラスさまに出てきてもらうため、天岩戸の前でセクシーかつ大胆に舞を披露して、神々をも魅了したことから、芸事、芸能の神さまとして、芸能人の方からも篤《あつ》く信仰されています。

陽気なアメノウズメさまは、自分の魅力を最大限に活かして注目を浴びながら活躍したい、好きな人を魅了したいという思いを持つ人に力を貸してくださいます。

また先に紹介した猿田彦さまの妻でもあり、夫婦円満の神さまとしても知られています。異性・同性にかかわらず、モテたい、人気者になりたい人がお願いすると良い神さまです。

祀られている主な神社

- 佐瑠女神社（三重県伊勢市※猿田彦神社の境内）
- 荒立神社（宮崎県西臼杵郡高千穂町）

【27】

菊理媛（ククリヒメ）

イザナギさまとイザナミさまの夫婦の神さまが大ゲンカをして、イザナミさまが離別を告げたときに、その間を取り持った神が、この菊理媛さまです。

悲しみに暮れるイザナギさまの前に突如として現れて何かを言ったと「古事記」に、その言葉をイザナギさまが喜び誉めたと、古事記と並ぶもう一つの日本神話である「日本書紀」に記され、仲を取りなしたとされることから、菊理媛さまは男女の復縁・良縁にご利益があるとされています。

「くくり＝括る」の言葉通り、私たちがより良い未来に進めるように必要な縁は結び直し、不必要な縁は区切りをつけられるよう、くくり直すのが役割です。忘れられない人がいる。そんな思いを抱えたあなたの背中をそっと押して、気持ちを新たに前に進めるよう、良縁をくくりまとめ上げる菊理媛さまに会いに行ってみてください。

祀られている主な神社

- 白山比咩神社（石川県白山市）
- 全国の白山神社

【28】

イワナガヒメ（磐長姫）

本文88ページでも紹介したイワナガヒメさまは、ニニギさまとコノハナサクヤヒメさまの結婚の際に、父であるオオヤマツミさまがせっかくなら、姉のイワナガヒメさまも一緒に！　とすすめたところ、ニニギさまに断られてしまいました。

それを恥じたイワナガヒメさまは、それ以降姿を隠したものの「ここに留まりて人々に良縁を授けよう」と自身の辛い思いを人々にはさせぬよう、気持ちをなぐさめ、心を癒し、良縁を授ける心優しい女神さまとなりました。

神さまの味わったネガティブな経験はポジティブな意味として、ご利益につながることから、イワナガヒメさまは昔から恋愛の強い味方として女性たちから篤く信仰されています。

祀られている主な神社

- 雲見浅間神社（静岡県賀茂郡松崎町）
- 貴船神社 中宮 結社（京都府京都市左京区）

【29】

ヌナカワヒメ（奴奈川姫）

地上界の王となったオオクニヌシさまは、全国の美女を訪ねて歩くようになりました。

そこで耳にしたのが、高志国（こしのくに。現在の新潟県）に絶世の美女ヌナカワヒメがいるとのこと。出雲からはるばる訪ねて来たオオクニヌシさまの訪問を、ヌナカワヒメさまは最初は断ったものの、和歌のやり取りを重ねていくうちに惹かれ合い、やがて二神は結ばれます。

とはいえオオクニヌシさまには、正妻のスセリヒメがいます。そこからヌナカワヒメさまは、遠距離恋愛や叶わぬ恋の悲しみを癒す女神として、ご利益があるようになりました。また、地上界最強の武神と言われる、タケミナカタの母神さまとして、国を支える重要な役割も持っています。

祀られている主な神社

- 奴奈川神社（新潟県糸魚川市田伏）
- 奴奈川神社（新潟県糸魚川市一の宮※天津神社の境内）

【30】
タカミムスヒ（高皇産霊尊）

この宇宙が始まりを告げるとき、天と地が別れたことを、「天地開闢《かいびゃく》」と言います。

このとき、最初に万物を生み出す造化三神という創造神が現れ、そのうちの一柱がこのタカミムスヒさまです。

高く生える木が神格化された神さまで、神話の中では、天上界の最高司令官として、アマテラスさまとともに度々登場します。高い木の上から、人々の動きや地球の環境を見下ろし、広い視野で状況を見極めておられるので、人と人との縁をつないだり、人と環境を巡り合わすのが得意な神さまです。

結婚したいという願望を持つ人は、人と人とのつながり、自分がどの環境に身を置くかで出会いも変わってくるので、良縁をつないでいただけるようタカミムスヒさまにお願いしてみてください。

祀られている東京大神宮は、「縁結びの聖地」として、いつも良縁を求める女性たちでいっぱいです。

祀られている主な神社

- 東京大神宮（東京都千代田区）
- 高牟神社（愛知県名古屋市）

【31】
コノハナサクヤヒメ
（木花咲耶姫）

日本が誇る世界遺産、富士山の化身であり、絶世の美女と言われているのがこのコノハナサクヤヒメさま。天孫降臨の際に、ニニギさまが地上界に降りたところ、海岸を歩いていたコノハナサクヤヒメさまに一目惚れをし、恋に落ちた二柱の神は結婚。

アマテラスさまの孫であるニニギさまとの結婚は、地上界の女神であるコノハナサクヤヒメさまにとってはまさに玉の輿でした。

その後、一夜にして懐妊されたため、ニニギさまに自分の子かと疑われてしまい、身の潔白をはらすため産屋に火を放ち出産するなど、気の強い一面もお持ちです（火の中で出産したことから、火の災害を抑えるという意味で、富士山の化身とされています）。

そうして二神の元に生まれた子どもが、現在の皇室にまでつながっていくのです。

祀られている主な神社
- 富士山本宮浅間大社（静岡県富士宮市）
- 全国の浅間神社

旦那の浮気に困っている

【32】

スセリヒメ（須世理姫）

スサノオさんの娘で、オオクニヌシさまの正妻であるスセリヒメさま。

オオクニヌシさまが、見た目の良さと気の弱さから、兄たちの嫉妬によっていじめられ、何度も命を狙われ、逃げ込んだ先の黄泉の国で出会い、お互いに一目惚れをしました。

その後、まだまだ頼りないオオクニヌシさまをスサノオさんが鍛え上げ、二柱の神で協力して試練を乗り越えたのち、駆け落ち同然に地上界へと出ていきます。

その後王となり、変貌したオオクニヌシさまの浮気に悩まされ、嫉妬もしますが、日本で初めてのラブレターをオオクニヌシさまに送って仲直りするなど、可愛い一面もある神さまです。

女性として大切にされたい、浮気に悩まされている人は、スセリヒメさまに会いに行ってみてください。

祀られている主な神社

- 出雲大社（島根県出雲市）
- 那売佐神社（島根県出雲市）

【33】

イザナミ（伊邪那美）

日本初の夫婦であり、「伝説の三貴子」の親神である、イザナミさま。日本の国土と多くの自然神を産んだことから、夫婦円満、子宝にご利益があるとされています。

国産みの最後に、火の神を産んだことで大やけどを負い、命を落としてしまいます。

イザナミさまの死は、一見悲しいお話に思えますが、肉体として亡くなってもなお、多くの神々をお産みになられました。

夫のイザナギさまは、妻を忘れられず黄泉の国までイザナミさまを追っていきます。醜く変わり果てたイザナミさまの姿を見て逃亡。二神は永遠の別れをすることになりました。

そのことからイザナギさまとイザナミさまが別々に祀られている神社もありますが、二神の復縁を望み、両方の神社に参拝することで二神も喜びご利益が増します。

祀られている主な神社

- 伊弉諾神宮（兵庫県淡路市）
- 多賀大社（滋賀県犬上郡多賀町）

元気な赤ちゃんが無事生まれますように

【34】

神功皇后

第14代仲哀《ちゅうあい》天皇の妻である神功皇后さまは、近江国（現在は滋賀県）を治める長の娘として生まれました。住吉三神さまの神託を受けた神功皇后さまは、夫の仲哀天皇さまに神託を伝えますが、それを無視したため夫は急死してしまいます。

夫に代わって、神託通りに政治を取り仕切ることとなり、新羅へ攻め入ります。新羅への遠征中、お腹には子どもであり、後の応神天皇を妊娠していたため産気づきますが、冷たい石を腰につけて出産を遅らせました。

新羅、高句麗、百済も従えたのち妊娠15か月目にやっと応神天皇を産んだという、パワフルすぎるワーキングママなのです。

元気な赤ちゃんを産んで大切に育てていきたい方は、神功皇后さまの元へ参拝してみてください。

祀られている主な神社

- 香椎宮（福岡県福岡市）
- 全国の八幡神社

尽くす恋愛、尽くされる恋愛がしたい

【35】オトタチバナヒメ

（弟橘媛）

223ページで紹介するヤマトタケルさまの妻である、オトタチバナヒメさま。

ヤマトタケルさまは、父・景行天皇の指示により東国遠征をしていましたが、一行が現在の横須賀、走水の海に差し掛かったとき、海が荒れ狂い船が動かなくなってしまいました。

昔は、海が荒れるのは神の怒りと考えられたため、オトタチバナヒメさまは、「自分が生贄《いけにえ》となるので、あなたは任務を成し遂げ天皇にご報告ください」と自ら荒れ狂う海に身を投げます。やがて海は鎮まり無事に木更津に上陸することができました。

ヤマトタケルさまは、岸で妻の姿を探し続けましたが、その姿はなかったと言います。この地を離れたくないと思うヤマトタケルが残した「君去らず」という言葉が、この地の「木更津」として残り、東国遠征の帰路に「吾が妻よ」とつぶやいたことから「吾妻＝東」と呼ぶようになるなど、死んでもなお相手を大切に思い合う、深い愛で結ばれる神さまであります。

祀られている主な神社

- 走水神社（神奈川県横須賀市）
- 妻恋神社（東京都文京区）

歳の差を気にしない恋愛をしたい

【36】

タマヨリヒメ（玉依姫）

海の神であるオオワダツミさまの娘で、トヨタマヒメさまの妹です。

ある日、姉のトヨタマヒメさまが、子ども（ウガヤフキアエズさま）を置いて、海の宮へ帰ってしまったので、代わりに養育をすることとなります。

元気に成長し、立派な男性となったウガヤフキアエズさまは、そのままタマヨリヒメさまと結婚をし、4人の子どもを設けます。末っ子のワカミケヌが初代神武天皇となります。

男女問わず、いくつになっても恋は落ちるもの。愛は育むもの。自分の年齢や歳の差を気にせず、互いの愛を深め合いたい人は、タマヨリヒメさまにお願いしてみてください。きっとあなたの力になってくださいます。

祀られている主な神社

- 賀茂御祖神社（京都府京都市左京区）
- 玉前神社（千葉県長生郡一宮町）

【37】

トヨタマヒメ（豊玉姫）

先ほど紹介したタマヨリヒメさまのお姉さんです。

山幸彦さまという神さまが、兄・海幸彦さまが使っていた釣り針を失くしたため、海の宮殿を訪れたときに、そこで出会ったトヨタマヒメさまと互いに惹かれ合い結婚。

やがて山幸彦さまは地上の国へ戻るのですが、子どもを身ごもっていたトヨタマヒメさまは、山幸彦さまを追って陸にあがります。しかし出産の際に、元のワニ（サメ）の姿となって出産をしていたところを見られ、それを恥じたトヨタマヒメさまは子どもを置いて、海の宮に帰ってしまいました。

とはいえ、愛しい思いを抑えきれず、山幸彦さまに「あなたの姿は真珠のように立派に輝いていましたね」と歌を送ります。それに対し、「共寝したことは、命が尽きるまで忘れることはありません」と返歌が届きます。

忘れられない人がいる、すべての人の気持ちを、トヨタマヒメさまは応援してくださいます。

祀られている主な神社
- 海神神社（長崎県対馬市）
- 全国の豊玉姫神社

【38】

ナキサワメ（泣沢女）

妻イザナミさまが亡くなり、その死を悲しむイザナギさまの涙から生まれた神さま、それがナキサワメさまです。

最愛の人の死を経験したイザナギさまから、新たな命として神秘的な瞬間に生まれたナキサワメさまは、泉や井戸の神として新しい生命力の源と考えられ、新生児を守護する神としても信仰されています。

今、辛い思いをしていませんか？ 笑顔で笑って過ごしたいけれどそんな気持ちになれないとき、「涙の神さま」でもあるナキサワメさまは、そっとあなたに寄り添い、辛い気持ちを癒してくださいます。

泣きたいときは我慢せず、泣いていいんだよ。辛いときは辛いって頼っていいんだよと、教えてくださる愛溢れる女神さまです。

祀られている主な神社

- 畝尾都多本神社（奈良県橿原市）
- 元巣神社（埼玉県比企郡吉見町）

パートナーと歳をとってもずっと仲良くしていたい

【39】テナヅチ・アシナヅチ

（手名椎・足名椎）

テナヅチさま、アシナヅチさまは、スサノオさんの妻であるクシナダヒメさまのご両親であり、老夫婦の神さまです。

毎年怪物ヤマタノオロチがやってきて、テナヅチさま・アシナヅチさまの娘を一柱ずつ食べてしまい、ついには末娘のクシナダヒメさまだけになってしまいました。そこに現れたのが、伝説の三貴子の一柱であるスサノオさん。

スサノオさんの作戦で、ヤマタノオロチに酒を飲ませて酔わせているすきに討伐をしてしまいます。テナヅチさま・アシナヅチさまは、娘の無事を安堵し、泣いて喜びました。

夫婦円満の象徴として神話に登場する神さまなので、善きパートナーと二人三脚で、末永く未来を歩んでいきたい人に力を貸して応援してくださいます。

祀られている主な神社

- 手長神社、足長神社（長野県諏訪市）
- 広峯神社（兵庫県姫路市）

起業したいが何から始めればいいかわからない

【40】

イザナギ（伊邪那岐）

地上界に降り立った初めての神さまです。

混沌とした何もない世界から、妻であるイザナミさまと国を産み、神さまの世界、人間の世界の新たな基盤をつくり続けた神さまでもあります。

何か新しいことを始めたいのに何から始めればいいかわからない、そんな方は、何か特別な経験や資格、道具が揃わなければできないと思い込んでいませんか?

何もない世界から、自分のできることに気づき、基盤をつくり上げたイザナギさまは、そんな方に「今のあなたにできる些細なことからまずは一歩、始めればいい」と教えてくださる神さまです。起業を考えている方は、ぜひイザナギさまにご参拝ください。

祀られている主な神社

- 伊弉諾神宮（兵庫県淡路市）
- 多賀大社（滋賀県犬上郡多賀町）

【41】

イチキシマヒメ（市杵島姫）

スサノオさんの子どもでもある、宗像三女神のうちの一柱。神仏習合により、弁財天さまと同一視される神さまです。主に、技芸やお金をもたらす神さまです。

自分に合った仕事がわからない人は、自分にはどんな才能があるのか、自分を活かすことでお金をいただくには、何をしたらいいのかがわからないからだと思います。

イチキシマヒメさまはそんな悩みを抱える方に、自分の才能に気づかせてくれるきっかけや、何が得意で何が不得意かを教えてくれる気づきを与えてくださいます。就職、転職、副業など何か新しく仕事をしていきたい方は、イチキシマヒメさまにお願いしてみてください。

祀られている主な神社

- 厳島神社（広島県廿日市）
- 宗像大社（福岡県宗像市）

【42】シオツチノオジ

（塩土老翁）

山幸彦さまが兄の海幸彦さまの釣り針を失くした際、見つけるために海に行くようアドバイスをくれたのが、このシオツチノオジさま。先述の通り、僕のMy神さまチームの一柱でもあります。

昔、飛行機のない時代は、貿易のために海を渡ってくる世界中の船が新しい土地、新しい世界、新しい情報と、それによる繁栄をもたらしてくれました。実際に、大海原を渡るためのたくさんの知恵をも持ち合わせていた、シオツチノオジさまのアドバイスのおかげで、山幸彦さまは導かれるように数々の幸運をつかんでいきました。

また、シオツチノオジさまが塩づくりの方法を広めたおかげで、冷蔵庫のない時代でも保存食をつくることができたり、人の身体に不可欠なミネラルの摂取が行われたため、人々は健康的に過ごすことができました。潮の流れに乗るように、何か良い導きが欲しい人は、たくさんの知識で導きをくださるシオツチノオジさまにお願いをしてみてください。

祀られている主な神社

- 鹽竈神社（宮城県塩竈市）
- 六所神社（愛知県岡崎市）

【43】

フツヌシ（経津主）

剣の神さまである、フツヌシさま。イザナギさまが火の神カグツチさまを剣で切り殺した際、イザナギさまの持っていた剣であるアメノオハバリさまについた、カグツチさまの血から生まれたのが、フツヌシさまです。

フツヌシさまの「フツ」というのは、剣の断ち切る音。また、ふと何かを思い出す音とも言われています。それは、私たちにまとわりつく邪気を、フツヌシさまの霊力により振り祓ってくださったおかげで、私たちがインスピレーションを受け取りやすい状態になるということです。

何か新しいアイディアが欲しいとき、考え事を整理してスッキリさせたいときは、フツヌシさまにお願いしてみてください。

祀られている主な神社

- 香取神宮（千葉県香取市）
- 春日大社（奈良県奈良市）

【44】

タケミカヅチ（武甕槌）

天上界最強の武神タケミカヅチさま。先ほどのフツヌシさまと同じく、イザナギさまが火の神カグツチさまを剣で切り殺した際に、カグツチさまの血から生まれた神さまです。

後に、天上界と地上界の国譲りの争いの際に、奥の手として登場したことから、ここ一番！ というとき、日々の成果を出し切って絶対に成功させたい、ここは勝ちたい、絶対に譲りたくない！と思ったときにタケミカヅチさまに力を借りると、必ず大きな力を貸してくださいます。

また、武力を行使して勝ったのは最後だけでその他は、交渉ですべてを乗り切っていることから、交渉に臨む際にも緊張せずに取り組めるよう、ご利益を与えてくださいます。

祀られている主な神社

- 鹿島神宮（茨城県鹿嶋市）
- 春日大社（奈良県奈良市）

【45】
天武天皇

日本の第40代天皇であり、圧倒的なカリスマ性を持って、奈良時代に社会、文化、宗教など、すべての面でこの国の基礎を築き上げた方です。「古事記」や「日本書紀」などの、神話の編纂を発案したのも、この天武天皇さまです。

神仏への信仰も篤く、神道を整備し、仏教を国教化するなど、神仏習合にも理解があって、柔軟性をも持っています。「日本」を国号としたのも天武天皇さまであり、今この現代に至るまでの、日本という国の基礎をつくり上げてこられました。

まさしく「カリスマ」といっても過言ではない存在であり、その強烈なリーダーシップに憧れる方に、ぜひおすすめする神さまです。

祀られている主な神社
- 三栖神社（京都府京都市伏見区）
- 浄見原神社（奈良県吉野郡吉野町）

【46】
持統天皇

天武天皇の奥さまであり、亡き夫の跡を継ぎ、女性ながらにして第41代天皇となられた持統天皇さま。

その生涯はまさしく、夫天武天皇さまとともにありました。13歳で天武天皇（当時は大海人皇子）の妻となり、夫が吉野に隠棲《いんせい》したときも唯一付き従い、政権に対して翌年に決起した際も、子を連れて夫に付き従いました。

大海人皇子が乱に勝利して、天武天皇として即位すると皇后に立てられ、天武天皇の在位中、皇后は常に天皇を助け、そばにいて政事について助言されました。

天武天皇亡きあとは、自ら天皇として即位し、飛鳥浄御原令の制定を始め、夫がやり遺したことを引き継ぎ、完成させました。

燃えるような気持ちで批判をいとわず、政務にまい進したため、現代では賛否両論ある持統天皇さまですが、亡き大切な人の意志を継ぐという気持ちを持つ人の強い味方となってくださいます。

祀られている主な神社

■ 北桑名神社（三重県桑名市）

【47】
菅原道真

「学問の神」として、その名を知らない方はほとんどいないであろう、菅原道真さま。若くして学問の才能を発揮し、貴族ではない身分から平安の時代を駆け上がりましたが、志半ばで貴族たちの嫉妬を買い、その戦略にハマって都落ちすることとなりました。

道真さまの死後、都では疫病が流行り、皇族や貴族の原因不明の死が相次ぎ、宮中には巨大な雷が落ちることに。それを道真さまの祟りだと信じた人々は、その怒りを鎮めるために、北野の地に神殿を建て、道真さまを神として祀ることにしました。今では、生前の功績が称えられ、学問の神として広く愛されています。

会社での出世を目指している人や業績・成績を残したい人は道真さまにお願いしてみてください。

祀られている主な神社

- 北野天満宮（京都府京都市上京区）
- 全国の天満宮・天神社

上司のパワハラに悩まされている

【48】明智光秀

安土桃山時代の武将であり、言わずと知れた、上司である織田信長を殺害した「本能寺の変」の首謀者です。

しかしそこに至るまでの理由を紐解いてみると、織田信長を慕い、従い続けていたものの、ある日信長に理不尽に領地を召し上げられたり、ライバルであった豊臣（当時は羽柴）秀吉の下につけられそうになるなど、その命令の連続に我慢の限界がきて、爆発。本能寺の変を引き起こすことになりました。

今この現代でもまだ上司のパワハラに悩む人は、多くいます。きっとそれは過去も現在も、そんなに変わらないのかもしれません。

きっと明智光秀さまは、あなたのその気持ちや悲しみ、いたたまれなさをわかってくださり、適切な道を示してくださることと思います。

祀られている主な神社

- 御霊神社（京都府福知山市）
- 明智神社（福井県福井市）

【49】
豊臣秀吉

豊臣秀吉さま。別名「豊国大明神」は、見せ方上手・交渉上手な神さまです。

足軽・農民という低い身分から、貴族の最高位である関白・太政大臣までのぼりつめ、戦国時代史上、最も大きく出世をしました。実力があったのはもちろんのこと、その要となっていたのは、彼が交渉や表面に現れないかけひき、いわゆる寝技上手だったことにあります。

はるか雲の上の存在の織田信長の草履を懐で温めて、その行動が気に入られて、引き立てられたのは有名な話ですね。

豊臣家の滅亡により豊臣秀吉さまを祀る神社は廃止されますが、そのご神体は秘かに京都の妙法院に祀られ、江戸時代中期には他の神社でも祀られ始めます。幕府に不満を持った者たちから篤い信仰を受け、豊国神社として再興していくのです。

仕事で商談をする人や交渉が上手くなりたい人は、豊臣秀吉さまの知恵を借りながら、何度も何度も成功をおさめてください。

祀られている主な神社

- 豊国神社（京都府京都市東山区）
- 全国の豊国神社

【50】

アメノコヤネ（天児屋根）

アメノコヤネさまは、祝詞《のりと》や言霊《ことだま》の神さまです。

天岩戸にアマテラスさまがお隠れになった際、岩戸の前で祝詞を唱え、フトダマという神さまとともに、アマテラスさまに鏡を差し出しました。

祝詞もそうですが、言葉に霊力が込められているという「言霊信仰」のルーツとされます。言霊は呪力を持ち、人の心を動かし、様々な現象となって現れます。

言葉を使い、人に何かを伝える仕事や、声を出す仕事、プレゼンテーションなどを仕事でする方は、このアメノコヤネさまに、言葉がもっと豊かに、そして賢く人に伝えられるように仕事のサポートをお願いしてみるといいと思います。

祀られている主な神社

- 枚岡神社（大阪府東大阪市）
- 全国の春日神社

【51】アメノタヂカラオ

（天之手力男）

アメノタヂカラオさまは、スポーツや力、技芸の神さまです。

天岩戸にこもってしまったアマテラスさまが、外の世界の様子が気になって、少しだけのぞき見をした際に、アメノタヂカラオさまがアマテラスさまの腕を引っ張って引きずり出し、そのまま天岩戸を宮崎県から長野県まで、約1200キロ投げ飛ばしたという伝説が残っています。

鍛え上げられた身体と皆の窮地を打破する姿は、まさに現代におけるスーパーマン。

今何か、あなたの前に立ちふさがっていることや、乗り越えたいことがある人はぜひ、アメノタヂカラオさまにお願いしてみてください。

祀られている主な神社

- 戸隠神社 奥社（長野県長野市）
- 手力雄神社（千葉県館山市）

【52】

アメノサグメ（天探女）

オオクニヌシさまの治めた国を、天上界に譲ってもらおうと考えたアマテラスさまが、様子を見てくるようにアメノワカヒコさまに言いましたが一向に帰ってこないため、雉《きじ》の遣いを送ります。

そのことを察したアメノサグメさまが、アメノワカヒコさまに「奇妙な鳥がいます。殺してしまいましょう」と告げ口したため、アメノワカヒコさまは弓矢で、天の遣いの雉を殺してしまいます。

このことがきっかけとなり、アメノワカヒコさまは天上界への反逆と捉えられ、自分の射った矢が返ってきて殺されてしまいます。

このことから天邪鬼（あまのじゃく）の言葉の由来ともなったアメノサグメさまですが、どうしても譲りたくないことや信念がある人にご利益をもたらしてくれる神さまでもありますので、ぜひ会いに行ってみてください。

祀られている主な神社

- 比賣許曽神社（大阪府大阪市東成区）
- 照天神社（神奈川県相模原市）

【53】
吉田松陰

吉田松陰さまは、江戸時代後期の日本の武士であり思想家・教育者であり、明治維新の精神的指導者として大きな影響を与えた人物です。

明治維新の中心となった萩（長州）藩で、身分に分け隔てなく若者を受け入れた松下村塾を開講し、桂小五郎や高杉晋作など、塾生の中から日本を支える多くの偉人たちを輩出します。

その講義や演説は常に心を打つもので、その死によって、多くの志士たちの心に火をつけたと言います。

仕事においてモチベーションを高いまま保ち続け、活躍していきたい人、またその逆に多くの人のモチベーションを上げていく必要のある立場の人は、吉田松陰さまの教えやお力を借りて、やり抜く強さを身につけてください。

祀られている主な神社

- 松陰神社（山口県萩市）

【54】

ニニギ（瓊瓊杵尊）

本文にも登場しましたが、アマテラスさまのお孫さまであり、コノハナサクヤヒメさまを妻に持つ、この「天孫ニニギ」さま。

自由奔放で、ヤンチャな神さまではありますが、祖母がアマテラスさまであるということ、また幼いながらに計り知れないほどのプレッシャーを抱えて天から降臨し、地上の王となる運命を受け入れたことから、現代において、先代の跡を引き継いだ後継者の方の悩みや気持ちがわかる守り神さまでもあります。

先代が立派であればあるほど、人には言えない悩みや葛藤を抱える2代目や3代目の方が多いなか、このニニギさまを頼れば、気持ちをわかってくれて、必ず力になってくれることでしょう。

祀られている主な神社

- 霧島神宮（鹿児島県霧島市）
- 箱根神社（神奈川県足柄下郡箱根町）

仕事に強い神さま 16 長く、揺るぎない組織をつくりたい

【55】

徳川家康

江戸幕府を開いたことで有名な徳川家康さまは、長い戦の世に終止符を打った将軍です。世界に類を見ないほど安定した平和な治世を、265年も続けたことは、奇跡とも言われています。

死後も東照大権現と称され、今もなお多くの人から篤く信仰されています。

徳川家康さまのように、長く豊かに続く会社・組織を築きたい人がお願いをすると、その志を応援してくださいます。

また将軍としての徳川家が15代も続いたことから、自身の後継者に悩む人にも、最適な人材を用意してくださいます。

祀られている主な神社

- 久能山東照宮（静岡県静岡市）
- 全国の東照宮

【56】

武内宿禰（たけのうちのすくね）

300年以上、天皇の側近として仕えた日本最初の大臣と言われているのが、この武内宿禰さまです。

第12代景行天皇から成務・仲哀・応神・仁徳の5代に渡って政治を支え続け、これだけ長くナンバー2の座を務められたのは他にはいないでしょう。その功績が称えられ、戦前の日本銀行のお札に肖像画が描かれていたこともあったほどです。

これから、ビジネスパートナーと成功していきたい人や、会社や社長をサポートする立場としてともに成長していきたい人が、武内宿禰さまとつながることで多くのご利益をいただけます。

祀られている主な神社

- 宇倍神社（鳥取県鳥取市）
- 氣比神宮（福井県敦賀市）

【57】

アメノホヒ（天穂日命）

オオクニヌシさまが地上界を治めていたとき、アマテラスさまが地上界を天上界に譲ってもらおうと、交渉役として2番目に派遣されたのが、このアメノホヒさまです。

しかし行った先の地上界でオオクニヌシさまの話を聞くうちに心境が変わり、3年も高天原に報告もなく、オオクニヌシさまのもとで、地上界の人々のための仕事に従事します。

就職・転職をするときは、その会社組織が自分に合ったものなのか、指導者がついていきたいと思える存在か、やりがいを持ってできる仕事なのかを考えると思います。

アメノホヒさまは、命令に背いてまで自分のやりたいこと、従事したい人についていった、いわば就職・転職の神さまなのです。

祀られている主な神社

- 天穂日命神社（鳥取県鳥取市）
- 深川神社（愛知県瀬戸市）

良妻賢母に憧れている

【58】

クシナダヒメ（櫛名田比売）

スサノオさんの妻であるクシナダヒメさま。

クシナダヒメさまは、かつて怪物ヤマタノオロチに食べられようとしていたときにスサノオさんが姿を現し、命を救われました。まるで白馬の騎士伝説のような過去を持つ女神です。

恐怖に震えながらも親を思い、自らの命を差し出そうとした献身的な姿にスサノオさんは心を打たれ、男としての真価を発揮しました。男性の本当の力を引き出す、良妻賢母としてのご利益を持つ女神さまです。

祀られている主な神社

- 須佐神社（島根県出雲市）
- 全国の氷川神社

縁を切りたい人がいる

【59】

オオモノヌシ（大物主）

三輪山をご神体としたオオモノヌシさま。

縁切りの由縁は崇徳天皇が流刑された際、オオモノヌシさまを祀る讃岐の金刀比羅宮で一切の欲を断ち切って参籠《さんろう》されたことから、断ち物・縁切りの祈願所として信仰されてきました。

辛い過去に整理をつけて新しい一歩を踏み出したい、悪い環境との縁を切りたいなど、人に限らずあなたの周囲の環境を整える上でもオオモノヌシさまは力を貸してくださいます。そして、切れた縁の代わりにもっと今のあなたにふさわしい縁をつないでくださることでしょう。

祀られている主な神社

- 大神神社（奈良県桜井市）
- 金刀比羅宮（香川県仲多度郡琴平町）
- 安井金毘羅宮（京都府京都市東山区）

子育てに悩んでいる

【60】サシクニワカヒメ
（刺国若比売）

オオクニヌシさまのお母さまである、サシクニワカヒメさま。

サシクニワカヒメさまは、腹違いのきょうだいである八十神《やそがみ》たちに殺された息子・オオクニヌシさまを見て嘆き悲しみ、高天原のカミムスヒさまにお願いし、遣わされたキサガイヒメさま、ウムガイヒメさまとともに彼を蘇生させます。

しかし、またも八十神たちの謀略によってオオクニヌシさまが殺されたため、今度は自らの力で蘇生させます。かつて、サシクニワカヒメさまが、自分の子どもたちの争いに手を焼いていたように、子育てに悩める親の強い味方となってくださいます。

祀られている主な神社

- 赤猪岩神社（鳥取県西伯郡南部町）
- 宮木諏訪神社（長野県上伊那郡辰野町）

子どもの引きこもりに困っている

【61】アメノオシホミミ

（天之忍穂耳命）

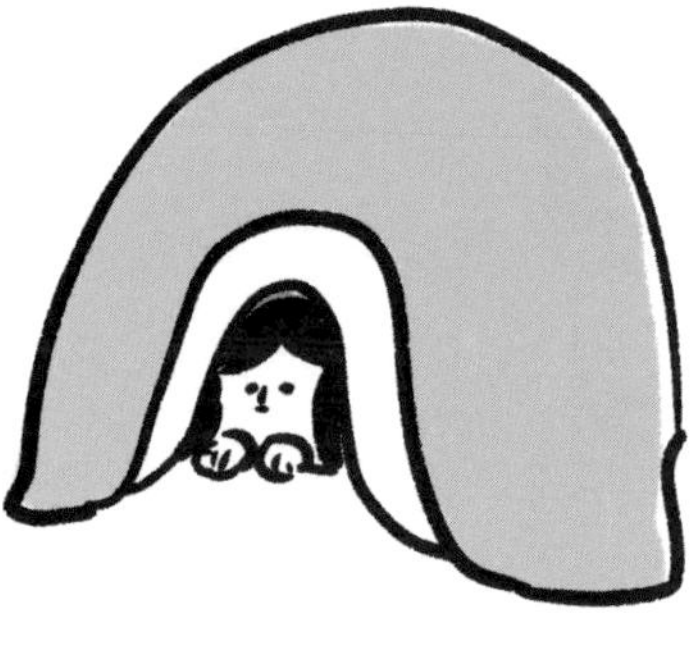

天上界と地上界の「国譲り」の争いの際に交渉役に最初に派遣されたのが、このアメノオシホミミさまです。

しかし、天の浮橋から眺めた地上界はひどく騒がしいものだと知って、高天原に引き返してしまいます。タケミカヅチさまたちの交渉により、国が譲られると決まったあとにも地上界へ降りるように言われますが、またもや断り、息子のニニギさまにそれを託します。

どうしても自分のテリトリーから出たくない、引きこもりをする神さまですが、ネガティブが変換してポジティブになる、日本の神さま特有のご利益で、引きこもりに困っている人たちの力になってくださいます。

祀られている主な神社
- 伊豆山神社（静岡県熱海市）
- 深川神社（愛知県瀬戸市）

【62】
海幸彦

ニニギさまとコノハナサクヤヒメさまの間に生まれた子どもで、山幸彦さまのお兄さんである、この海幸彦さま。

ある日、弟の山幸彦さまが、海幸彦さまの大切にしている釣り針を失くしてしまいます。釣り針を失くされた上に探しに行った山幸彦さまは数年もの間帰ってこず、帰ってきたかと思うと、海幸彦さまに呪術を仕掛け、そのせいで得意だった漁も上手くいかず、つくった田んぼは乾き、稲は育たず、しまいにはなぜか山幸彦さまに溺れさせられてしまうなど、数々の仕打ちを受けます。

今にも海幸彦さまの「なんで?」という声が聞こえてきそうですね

きょうだい関係の中には、距離が近いからこそ、この「なんで? どうして? 理解できない」ということが多いと思います。

複雑で繊細な関係性の中で、悩めるあなたに海幸彦さまは助け舟を出してくださります。

祀られている主な神社仏閣

■ 潮嶽神社（宮崎県日南市）

人間関係、家族関係、親子関係に強い神さま 6
謝っても許してくれない人がいる

【63】山幸彦

先ほどの海幸彦さまに対して、弟の山幸彦さまです。

日本神話の中では、兄の海幸彦さまの大切な釣り針を失くしてしまい謝るのですが、お兄さんはなかなか許してくれません。自分の刀を壊して改造して、たくさんの釣り針をつくって渡しますが、これも許してもらえず、紛失した釣り針を探してこいと言われます。

後にいろんな方の助けを借りながら無事、釣り針を見つけて返すことができますが、この海幸彦・山幸彦の話が浦島太郎の物語の起源となっていきます。

相手と和解したくてもできないこと、絡まってほどけなくなった糸を解き、適度な距離で過ごせるように、山幸彦さまは手伝ってくださいます。

祀られている主な神社

- 青島神社（宮崎県宮崎市）
- 益救神社（鹿児島県熊毛郡屋久島町）

【64】

オオヤマツミ（大山津見）

イワナガヒメさまとコノハナサクヤヒメさま姉妹の父が、このオオヤマツミさまです。本来は山の神ですが、娘を愛する父としての一面を持つ神さまでもあります。

天孫降臨で地上界に降りてきたニニギさまが、コノハナサクヤヒメさまに一目惚れをし、結婚を申し込むとオオヤマツミさまは、この国が岩のように堅く、末永く繁栄し続きますようにと、姉のイワナガヒメさまも一緒にと送り出しますが、ニニギさまに断られてしまいます。

玉の輿婚をした娘の喜びも、選ばれなかった娘の悲しみも、両方を知る父親だからこそ、今の時代で子どもとの関係に戸惑い、どう接すればいいかわからず悩んでいる親の力になってくださいます。

子どものことが心配でつい何でもやってしまう人は、オオヤマツミさまの教訓をもとに参拝されてみてください。

祀られている主な神社

- 大山祇神社（愛媛県今治市）
- 三嶋大社（静岡県三島市）

いつも気にかけて心配な人がいる

【65】

ヤマトヒメ（倭姫命）

垂仁天皇の妹で、ヤマトタケルさまの叔母にあたるヤマトヒメさま。斎王といって、天皇に代わってアマテラスさまにお仕えする、未婚の選ばれし皇族です。

アマテラスさまからのご神託を受けたヤマトヒメさまは、現在の三重県伊勢の地に、アマテラスさまを祀る伊勢神宮を建てます。

景行天皇の命により、ヤマトタケルさまが熊襲《くまそ》征伐に行った際は、女物の着物を貸し、無事討伐に成功。東国遠征に行く際は、草薙剣《くさなぎのつるぎ》と火打石を授けたおかげで、ヤマトタケルさまは、数々の難関を乗り越え無事東征することができました。多くの功績を陰で支え助け続けたヤマトヒメさまは、今も人々から大切に祀られています。

気にかけて心配な人がいる、そんな優しい心を持っているあなたは、いつも誰かを気にかけ、尽くし続けることで他の人の才能を伸ばすことができるヤマトヒメさまに会いに行ってみてください。

祀られている主な神社

- 倭姫宮（三重県伊勢市）

【66】

オオナムジ（大巳貴）

オオナムジさまは、スサノオさんに「オオクニヌシ」という名をもらう前の状態の、オオクニヌシさまです。

兄神である八十神たちにいじめられたり、殺されたりするオオナムジさまですが、常に周囲に愛され、助けを得ながら蘇生したり、難関を突破していきます（それがまた兄神たちからすると、気に食わないのでしょうね）。

波乱万丈でありながらも成長し、しっかりと国を治め、活躍するだけの力を秘めていたオオナムジさまは、いじめられて辛い気持ちを、自身も同じ経験をしたことから痛いほどよくわかってくださいます。

「自分を責めないで。あなたは幸せになっていい存在なんだよ」と、教えてくれる寛大で優しい神さまです。

祀られている主な神社

- 赤猪岩神社（鳥取県西伯郡南部町）
- 大汝牟遅神社（鹿児島県日置市）

【67】

ヤマトタケル（倭建）

「悲劇の英雄」として様々な題材で取り上げられる、ヤマトタケルさま。

ヤマトタケルさまの父は、第12代景行天皇さまですが、景行天皇さまは、息子が幼い頃より持つ、人の命を奪うことをためらわない凶暴性を恐れ、いつか自分の地位も奪われるのではないかと、ヤマトタケルさまを避けるようになります。次々に遠方の部族の討伐を命じ、ヤマトタケルさまが使命を終えて帰ってきても、一言もねぎらいもしませんでした。その仕打ちに、「父は私の死を願っておられるのか」とヤマトタケルさまは涙します。

その後もヤマトタケルさまは、父に認められたい一心で、数々の難関を突破するも、最期は父のいる国に戻る直前に亡くなってしまいます。

毒親という言葉が世間に広まって久しいですが、親子関係に悩みを抱えている人に、ヤマトタケルさまはそっと寄り添い、解決できるようお導きをくださいます。

祀られている主な神社
- 三峯神社（埼玉県秩父市）
- 大鳥大社（大阪府堺市）

【68】

カグッチ（加具土命）

イザナミさまとイザナギさまの間に生まれた、最後の神さまで火を司る神さま。

その出産の際に、イザナミさまが大やけどを負い、命を落としてしまいます。それを嘆き悲しんだイザナギさまが、腰につけていた剣を抜き、カグツチさまを斬り裂きます。

そこから飛び散ったカグツチさまの身体や血から、また多くの神さまたちが生まれるのですが、カグツチさまは生まれてすぐに、親の手によって殺されているのです。

神さまの体験した辛い経験は、ポジティブに変換されご利益として返ってきます。あなたが今、誰かによって苦痛を感じているようでしたら、誰かに相談できるようにご縁をつないでくださいます。あなたが傷つく必要はないと力強く護ってくださいます。

そして、火の光のおかげで、私たちは活動範囲を広げられ、火があるおかげで冬を乗り越え、食が豊かになり、科学も発展したように、悩みを乗り越えた先に明るい光を灯してくれることでしょう。

祀られている主な神社

- 花の窟神社（三重県熊野市）
- 秋葉神社（静岡県浜松市）
- 全国の愛宕神社

【69】

淡島神

神さまはみんな幸せな存在かというと、決してそうではない過去を抱えた神さまも存在します。その象徴的な存在がこの淡島神さまです。

イザナミさまとイザナギさまの夫婦が国産みに挑戦した際、方法を誤ってしまったがゆえに、泡のように形を成さない物体として生まれたのが、この淡島神さまでした。しかもなんと、イザナミさまとイザナギさまは、この淡島神さまを育てることをせず、そのまま海に流してしまったのです。しかも淡島神さまは、イザナミさまとイザナギさまの子の数には数えられていないのです。

いろんな事情があるとはいえ、それでもやはり親に認知されないことは辛く、悲しいものです。そのようなご経験がある方の気持ちや悲しみを理解し、優しく寄り添ってくださる神さまです。

祀られている主な神社

- 淡嶋神社（和歌山県和歌山市）
- 粟島神社（千葉県白井市）

【70】ウガヤフキアエズ

（鵜草葺不合）

山幸彦さまとトヨタマヒメさまの間に生まれた、ウガヤフキアエズさま。

のぞいてはいけない、という約束を破り、山幸彦さまはトヨタマヒメさまが、ワニ（サメ）の姿になって、出産している姿を見てしまいました。それを恥じたトヨタマヒメさまは、産んだばかりのウガヤフキアエズさまを置いて、海の宮へ帰ってしまいました。

そのウガヤフキアエズさまを母親代わりに育ててくれたのは、母の妹であるタマヨリヒメさま。ウガヤフキアエズさまは、そのタマヨリヒメさまと結婚し、初代神武天皇となる御子を授かります。

親の愛情が欲しかったウガヤフキアエズさまは、母の代わりに、最愛の方と幸せに暮らすことはできたのですが、やはりそこには少しの物悲しさがあるように思います。

神さまの悲しい経験はご利益として返ってきます。今ある幸せ、生を持って生まれてきたことこそが、あなたの喜びを生むことをウガヤフキアエズさんは教えてくださいます。

祀られている主な神社

- 鵜戸神宮（宮崎県日南市）
- 知立神社（愛知県知立市）

子どもを早くに亡くした

【71】
安徳天皇

第81代天皇である安徳天皇さまは、1180年に祖父平清盛の命により、3歳にして天皇となりました。

しかし、源氏と平家が争った壇ノ浦の戦いで敗れ、数え8歳にして入水し亡くなってしまいます。あまりにも短命で悲劇の天皇と言われる安徳天皇さまは、入水の際、一緒にいた二位尼に海の下に都があると言われ、運命を受け入れたため、安徳天皇さまを鎮めるために建てられた赤間神宮は、竜宮城を思わせるような建物をしています。

子どもを、自分より早くに亡くした親の気持ちをそっと癒すように寄り添い、前に進めるように支えてくださるのが安徳天皇さまです。

祀られている主な神社

■ 赤間神宮（山口県下関市）

【72】

アマツミカボシ（天津甕星）

「日本書紀」にだけ登場し、唯一「悪神」と表現される、アマツミカボシさま。その正体は、金星を主とする星の神さまです。なぜ悪神とされたかというと、金星は太陽が出ている昼間でも輝くことがあり、太陽の神アマテラスさまの力に反逆して輝いているところからと言われています。

力が強すぎて、天上界最強の武神タケミカヅチさま、剣の神フツヌシさまを持ってまでしても倒せなかったゆえ、織物の神タケハヅチさまによって封印されたとされています。

悪神として言われながら、しかしその実は、東北や北関東地方を護っていた神さまです。今でも、夜の世界を支配する強い霊力を持った神さまとして篤く信仰されています。

通説と現実が違うということは、いつの時代もあることです。人から誤解されたり、理解されずに悩まれたりしている方は、アマツミカボシさまの力をお借りして問題を解決されてみてください。

祀られている主な神社

- 大甕神社（茨城県日立市）
- 全国の星神社・星宮神社

【73】

安倍晴明

平安時代の伝説的な陰陽師で、陰陽五行を用いた学術と占術の経験をもとに、呪術や儀式を行い、悪霊を祓ったり、世の中の動向を予知する仕事をしていました。

都が平安京に移された際、怨霊におびえる権力者を中心に、陰陽師による悪霊退治や魔除けの儀式が盛んに行われることになりました。

陰陽道は結界などを駆使して、魔を寄せ付けないため、変な人に絡まれやすい人や何かトラブルに多く巻き込まれがちな人は、それらの不運が目には見えないものの影響で引き起こされているとも考えられるため、その道のプロである、安倍晴明さまにお願いして身の回りを整えることから始めてみてください。

祀られている主な神社

- 晴明神社（京都府京都市上京区）
- 安倍晴明神社（大阪府大阪市阿倍野区）

【74】
おいぬさま

「おいぬさま」として親しまれる狼さま。今は絶滅してしまった、ニホンオオカミです。日本神話に出てくるのは、ヤマトタケルさまが、東征の途中に邪神との争いで道に迷った際、突如として現れた白狼が道案内をして無事帰還できたという話です。

ヤマトタケルさまは、その狼に感謝の言葉を告げたと同時に「大口真神（おおぐちのまがみ）として御岳山に留まりてすべての魔物を退治せよ」と役割を与えたそうです。それ以降、狼は神さまの眷属として、すべての厄災から主人を忠実に護る心強い存在となったのです。

そんなおいぬさまを、誰でも1年間お借りすることができる神社があります。それは、埼玉県秩父市にある「三峯《みつみね》神社」。狼信仰の残るこの地で、「御眷属拝借」という祈祷を受けることでお借りすることができます。

魔を避けて、トラブルなく、人生を平穏無事に送りたい方は、おいぬさまにお願いしてみてはいかがでしょうか。

祀られている主な神社

- 三峯神社（埼玉県秩父市）
- 武蔵御嶽神社（東京都青梅市）

健康に強い神さま 1

持病を治したい

【75】

スクナヒコナ（少彦名）

医療、薬の神さまと知られるスクナヒコナさま。

オオクニヌシさまと国をつくるため、伊予国（現在の愛媛県）を旅している途中、突然スクナヒコナさまは病に苦しみます。心配したオオクニヌシさまが温泉湯を手のひらにすくって、とても小さな神さまであるスクナヒコナさまをその温泉につけてあげると、スクナヒコナさまはみるみるうちに回復していったのです。それが現在の道後温泉と言われています。

自身も病に倒れ経験したことから薬学を学び、人々に薬の一つとして酒のつくり方、そして温泉に入って免疫力を高め、様々な持病を治す湯治を伝えて広めたのです。

今、持病があり悩まれている方は、病気平癒・健康成就を願って、スクナヒコナさまにお願いしに行ってみてください。

祀られている主な神社

- 北海道神宮（北海道札幌市）
- 全国の少彦名神社

【76】
烏枢沙摩明王
（うすさまみょうおう）

私たちが生活する上で、トイレは欠かせない大切な場所です。昔は、トイレも今のようにキレイではなく、病気の蔓延や健康を害する要因にもなっていました。トイレに落ちて亡くなった人もいることから、あの世とこの世の境目と言われることもあったほどです。

烏枢沙摩明王さまは、炎の神（仏）さまであり、私たちの一切の穢れを焼き尽くして清める力があります。

そこで烏枢沙摩明王さまは、トイレの守り神としてトイレの不浄を清め、人々が安心して暮らせるように、健康を見守る神（仏）さまとして広まりました。子どもの夜泣き、夜尿症、婦人科系の悩みを抱えている人や妊娠・安産などにご利益があるとされています。

昔から女性の身体の悩みに寄り添い、健康を見守ってきた烏枢沙摩明王さまを、ぜひお参りされてみてください。

祀られている主な神社仏閣

- 観昌寺（愛知県北名古屋市）
- 秋葉総本殿 可睡斎 大東司（静岡県袋井市）

【77】

ヒルコ（蛭子）

淡島神さまと同じく、イザナミさまとイザナギさまの夫婦が国産みに挑戦した際、方法を誤ってしまったがゆえに、手足のないグニャグニャした物体として生まれたのが、このヒルコさまでした。順番としては、ヒルコさまのほうが淡島神さまより先になります。

イザナミさまとイザナギさまは、このヒルコさまも育てることをせず、そのまま海に流してしまったのです。

流された先で、漁師の方々に大切に祀られたという救いがあるとはいえ、生まれつきの不具というのは神さまであっても、人間であっても、自分で選べることではなく、それがゆえにこのヒルコさまは、同じ思いを持つ方を護ってくださる、小さな優しい神さまなのです。

祀られている主な神社

- 西宮神社（兵庫県西宮市）
- 和田神社（兵庫県神戸市）

【78】歯神清兵衛

徳川家康さまが活躍した江戸時代、参勤交代のため江戸に向かう、ある大名行列が現在の南千住あたりに差し掛かった際、家来の一人が突然歯痛に襲われてしまいました。

これ以上殿さまにお仕えすることができず、その不忠を詫びて、なんとこの家来はこの地で切腹してしまいました。

歯痛のために自刃する無念と、二度とこのような不幸を繰り返さないため、「歯痛に悩む人を助ける」と言い残したため、その後祠《ほこら》が建てられ歯痛平癒の神として大切に信仰されました。

そんなことぐらいでと思うかもしれませんが、現代は歯医者がありますが、昔は歯の治療技術もなく、それはそれは、地獄の苦しみだったそうです。歯を傷めれば、身体に細菌の侵入や他の病気を招いてしまう原因ともなります。歯を健康に保ちたい人は、ぜひ歯神清兵衛さんに手を合わされてみてください。

祀られている主な神社

■ 山王清兵衛の祠（東京都荒川区）

【79】

白兎神

有名な因幡の白兎の物語に登場する、白兎。正式名称は、「白兎神」さまと言います。ワニ（サメ）を騙して島から島へと海を渡ろうとしたものの、最後の最後に嘘がバレて、全身の毛を剥がされてしまいました。

苦しんでいるところを偶然通りかかった、オオクニヌシさまの兄神たちに騙されて、海水を浴びると、さらに傷がひどくなってのたうち回ることに。

そこで次に通りかかったオオクニヌシさまの言う通りにしたら、傷がたちまち良くなり、そのお礼にとオオクニヌシさまが、絶世の美女と結婚するという幸せな未来を予知したという伝説を持つ神さまです。

そこから縁結び、皮膚病平癒などのご利益があると信仰されています。

祀られている主な神社

- 白兎神社（鳥取県鳥取市）

【80】ウマシアシカビヒコジ

（宇摩志阿斯訶備比古遅）

天地開闢の際に現れた、天の神（天つ神）さまのさらに上の存在である、別天つ神（ことあまつかみ）の一柱。現れてすぐに身を隠したと記される独神で、神話には具体的な記述はほぼ登場しません。

世界がつくられる前段階で、葦が芽を吹くように萌え伸びる様子を現した神さまで、それはつまり、私たち人間や地球の発展を促したカビ・細菌の神さまと言われています。植物における葉緑素や私たちの細胞を構成する腸内細菌など小さなところで大きなエネルギーを生み出す活力・生命力を神格化した神と考えられています。

同時に、ウマシアシカビヒコジさまの、「アシ」の文字とかけて、健脚にご利益のある神さまと言われています。

脚は健康のもとと言われており、ずっと健康で歩き続けていたいと願う方は、ウマシアシカビヒコジさまの溢れるパワーをお借りして身体を整えてみられてください。

祀られている主な神社

- 宇麻志神社（兵庫県相生市）
- 高見神社（福岡県北九州市）

【81】

キビツヒコ（吉備津彦）

第7代孝霊天皇の皇子で、昔話の桃太郎のモデルと言われているキビツヒコさま。

朝鮮半島から日本に流れ着いた百済の元王子・ウラは、鬼のように身体が大きく、赤い髪に、その性格は凶暴でした。そのウラが吉備国（現在の岡山県）の片岡山に、「鬼の城」をつくって住みつき、乱暴をはたらきます。これを退治したのがキビツヒコさまです。

そこからキビツヒコさまはこの地方の平和と秩序を築いた、開拓の大祖神として信仰されています。ご利益は五穀豊穣、武運長久、縁結びや、夫婦円満、安産育児まで幅広いですが、281歳まで生きたとされることから、健康長寿の神ともされ、病気平癒にもご利益があると言われています。

祀られている主な神社

- 吉備津神社（岡山県岡山市）
- 田村神社（香川県高松市）
- 全国の吉備津彦神社

強固な肉体が欲しい

【82】
天狗

日本各地には天狗にまつわる怪異伝承が残されているように、山の中で起こる数々の不思議な現象は、古来「天狗の仕業」とされてきました。

また仏教においては修行の邪魔をするとされるなど、人に害をなすことが多い存在としてうとまれることが多いですが、味方につけることで、自由に空中を飛び回り、風を自由自在に起こすなどの、超人的な力を身につけることができると言われています。

強く鍛え抜かれた肉体を手に入れたい方は、天狗さまとつながるといいですよ。

祀られている主な神社仏閣

- 鞍馬寺（京都府京都市左京区）
- 古峯神社（栃木県鹿沼市）

健康に強い神さま 9 自分の限界を超えたい

【83】

役行者（えんのぎょうじゃ）

役行者さまは、7〜8世紀に奈良を中心に活動していた、修験道の開祖です。

大和国（現在の奈良県）葛城山に住む、山岳修行の邪魔をしようと悪さをしていた前鬼・後鬼に呪術をかけることで従えました。このときの鬼とは、人の心と身体をむしばむ病気や、あらゆる厄災をもたらす悪霊のことをさしたと言います。

その悪霊を、修行を積むことによって祓えるほどの力を手に入れたのです。自分の限界を超えて神通力を使えるようになった役行者さまは、自分に限界を決めず、頑張り続ける人の強い味方となってくださいます。

山岳信仰のある山や神社に祀られているので手を合わされてみてください。

祀られている主な神社

- 八菅神社（神奈川県愛甲郡愛川町）
- 龍泉寺（奈良県吉野郡天川村）

【84】

ツクヨミ（月読）

アマテラスさま、スサノオさまと並んで、「伝説の三貴子」と称されるのが月の神、ツクヨミさま。古来日本では月の満ち欠けにより暦を読んでいたことから、未来の動向を司る神さまでもあります。

「古事記」では一瞬登場するだけで、それ以外は一切姿を現すことのない神さまですが、それは月という、みんなが寝静まる夜の世界を癒し見守る役割があるためで、そこからツクヨミさまは、正確な情報や未来を知り、それを伝えることで誰かを支える、縁の下の力持ち的な存在の人に力を貸してくださいます。

占いを始めとして、人に助言をする仕事の方に、良いご縁があるかと思います。

祀られている主な神社

- 皇大神宮別宮月讀宮（三重県伊勢市）
- 月讀神社（長崎県壱岐市）

【85】

瀬織津姫（せおりつひめ）

スピリチュアル界隈で、「伝説の女神」として有名な瀬織津姫さま。

その正体は様々言われていますが、この地球の生命の始まりである「水」を司る女神さまです。現代では、その水の力によって私たちの穢れを根こそぎ祓ってくださる、「祓いの女神」として、身も心も清らかな状態に戻す働きを手伝ってくれています。

本文にも書きましたが、神道において僕ら人間は本来生まれながらにして、素晴らしい存在です。しかし時間の経過とともに、知らず知らずのうちに身につけてしまった穢れによって、道や判断を誤ってしまうことから、瀬織津姫さまはその穢れを祓い、生まれたばかりの赤ん坊の心のようなピュアな状態に戻してくださいます。

そのとき眠っていた才能が動き出したり、自分が本来持っている才能に気づくきっかけを授けてくださいます。

祀られている主な神社

- 伊勢神宮荒祭宮（三重県伊勢市）
- 小野神社（東京都多摩市）

【86】アメノミナカヌシ

（天之御中主）

天地開闢の際に、最初に姿を現した、宇宙創造の神であるアメノミナカヌシさま。男も女もなく、独り神として、宇宙そのもの森羅万象すべてを表すとされている神さまです。仏教では、「妙見菩薩（みょうけんぼさつ）」として妙見信仰が広がります。

宇宙そのものを表す神さまで、そのあとに現れたタカミムスヒさま、カミムスヒさまとともに、すべてのバランスを司る神さまです。この世のバランスを整えるという大きな志を持つ方に、宇宙の莫大なエネルギーを授けてくださいます。

この地球に生を持ったことに感謝し、地球規模の志を持って生きる決意のある方は、アメノミナカヌシさまのお力を借りてさらにご活躍ください。

祀られている主な神社

- 天之御中主神社（兵庫県加古川市）
- 大阪天満宮（大阪府大阪市北区）

【87】

九頭龍大神

九つの頭を持つ伝説の龍神さまで、その大きさは地球をぐるりと巻くことができるほどと言われています。

祀られている場所によって少し性質が変わり、同じ九頭龍大神さまでも、長野県の戸隠神社のように、山の上にいらっしゃる場合は地の属性を持ち、箱根神社のように湖や水辺の近くにいらっしゃる九頭龍大神さまには、水の属性があります。

コツコツ何かを積み重ねて夢を叶えたい人は、地の属性が強い神社を。共感性高く、柔軟に夢を叶えていきたい人は、水の属性の強い神社のほうに行くと良いでしょう。

163ページに書いた通り、龍神さまは人の成長や志の大きさによって、その姿、力を変えてくださいます。九頭龍大神さまは、その最高峰の龍神さまです。日本、世界を変えていくほどの夢や志、強い意志を持って伝えると、必ず九頭龍大神さまは応えてくださいます（ただ常に覚悟は試されます）。

あなたの抱く、強い思いを伝えに、お参りされてください。

祀られている主な神社

- 戸隠神社 九頭龍社（長野県長野市）
- 箱根神社 九頭龍神社（神奈川県足柄下郡箱根町）

【88】

アマテラス（天照大神）

現代まで続く天皇家の祖先神であり、「太陽の神」アマテラス（天照大神）さま。太陽の恵みは誰にでも平等にもたらされるのと同じように、常に平等に私たち全員を見守っている、日本人全員の総氏神さまです。

争い事を嫌い、人や動植物との調和をはかりながら、平和で心豊かな世界を望むアマテラスさまは、常に私たちの存在を、いつも明るく照らしてくださっています。

アマテラスさまにお会いするときは、心穏やかに、今あることへの感謝と、世界の平和を祈る気持ちを伝えるようにしてください。

それが僕ら人と神さまが、ともに目指して歩んでいる世界ですから。

祀られている主な神社

- 伊勢神宮内宮（三重県伊勢市）
- 天岩戸神社（宮崎県西臼杵郡高千穂町）

おわりに

神さまはあなたを待ってくれている

最後までこの本を読んでいただき、本当にありがとうございました。

いかがだったでしょうか？

何となくでも構いません。この神さまにＭｙ神さまになってほしいと思う神さまは、見つかりましたでしょうか？

これまでも書いてきましたが、もしそのような思いが今あるようであれば、その「何となく」という気持ちに、素直に従ってください。

その気持ちこそが、神さまがあなたを呼んでいるサインです。

またこれまでの話の中で、一概に「神さま」といっても、日本には八百万の神さまがいて、その神さまそれぞれにご利益が違うということは、もう十分おわかりいただけたかと思います。

さらにもう一歩踏み込んでみると、この神さまのご利益というのは、一体何のためにあるのでしょうか？

もちろんそれは人の願いを叶えるためなのですが、ではなぜ神さまはわざわざ人の願いを叶えてくださるのでしょうか？

先に書いた通り、それは願いを叶えて人から感謝をされて、その感謝のエネルギーによって神さまも成長していくということもあるのですが、その先に、本当の目的があります。

それは人と神さま、皆の力で、より良い社会、より良い世界、より良い地球をつくっていくためです。

そのために一人一人に生まれてきた意味があり、この人生が終わるまでに成し遂げるべき使命があります。

「Ｍｙ神さま」というのは、そのために存在する、あなたにとっての最強のパートナーです。

今この世界には、争いや疫病、貧困、飢餓など、様々な問題があるように思えます。

しかし、大きな視点で見てみると、数千年の歴史の中で、医療が発達し、昔よりも感染症や病気で亡くなる人は減りました。農耕や輸送技術が発達したことで、完全ではありませんが、世界中に食料が届くようになりました。数十年前までは人種差別が横行し、肌の色が違えば同じ空間を共有することができなかったのも、今では大分人種の壁がなくなってきました。

これら一つ一つは、そこにある悲劇という視点で見たらまだまだ、未熟なことのように思えますが、それでも確かに人類は少しずつでも進歩しているのです。

それらもすべて、一人一人の心が時代の流れの中で変わっていき、世界全体での集合意識が少しずつ変わってきたことで、成し遂げられていることだと思います。

一人ひとりが自分の使命に気づき、幸せになっていくこと。その先に、世界中が幸せになっていく未来がある。神さまはそのために人を応援し、大きな力を授けてくださいます。

神さまは、いつでも待ってくれています。

僕らが、神さまの存在に気づくことを。

そして、僕らから歩み寄ってくれることを。

「神さまにしてもらうばかりではなく、自分が神さまに何ができるかを考える」

この本の中でも繰り返し言ってきた言葉ではありますが、その第一歩目は、自分から神さまに興味を持ち、知ることだと思います。

この本がその一助になることができたなら、僕にとっても大好きな神さまに恩返しができたことにもなりますので、これ以上の幸せはありません。

皆さんとMy神さまの素敵な出会いを、心よりお祈りしています。

荒川　祐二

画　荒川祐二

「夢」「仕事」「お金」「恋愛」「健康」

人生《じんせい》が劇的《げきてき》に変《か》わる〝My神《かみ》さま〟の見《み》つけ方《かた》

2023年 2月 28日　　初版発行

著　者……荒川祐二《あらかわゆうじ》

発行者……塚田太郎

発行所……株式会社大和出版

東京都文京区音羽 1-26-11　〒 112-0013

電話　営業部 03-5978-8121／編集部 03-5978-8131

http://www.daiwashuppan.com

印刷所……誠宏印刷株式会社

製本所……株式会社積信堂

装幀者……山田知子＋門倉直美（chichols）

ISBN978-4-8047-6408-5